我　　知　　故　　我　　在

know!

知道分子图书工作室

《新周刊》杂志社/编著

显微镜下的古人生活

岳麓書社

·长沙·

图书在版编目（CIP）数据

显微镜下的古人生活/《新周刊》杂志社编著．—长沙：岳麓书社，2020.6
（2023.9重印）

ISBN 978-7-5538-1296-0

Ⅰ．①显…　Ⅱ．①新…　Ⅲ．①社会生活—历史—中国—古代—文集
Ⅳ．①D691.9-53

中国版本图书馆 CIP 数据核字（2020）第 052731 号

XIANWEIJING XIA DE GUREN SHENGHUO

显微镜下的古人生活

《新周刊》杂志社　编著

责任编辑：陈文韬　孙世杰　周家琛

营销编辑：谢一帆　吴咪咪

特约编辑：刘　瑛

责任校对：舒　舍

装帧设计：陈艺全　郭建红

岳麓书社出版发行

地址：湖南省长沙市爱民路 47 号

直销电话：0731-88804152　0731-88885616

邮编：410006

版次：2020 年 6 月第 1 版

印次：2023 年 9 月第 8 次印刷

开本：890mm×1240mm　1/32

印张：9.5

字数：218 千字

书号：ISBN 978-7-5538-1296-0

定价：58.00 元

承印：长沙超峰印刷有限公司

如有印装质量问题，请与本社印务部联系

电话：0731-88884129

目 录

前 言

前 言

　　光绪三年，也就是1877年，李锡彬考中了进士，担任内阁中书。李进士穷得不可想象，全家四口每天只吃两餐，煤炭柴薪都买不起，是真正的"不能举火"。他每天早上用一钱购买开水，供全家洗漱饮食用，每日饭费则控制在京钱一千，也就是六分银子，只能买四斤馒头，就着葱酱咸菜度日。

　　从这样一个小小的故事中，我们可以发现什么呢？

　　比如，作为一个六品京官，穷困潦倒到这个地步，那么一旦有机会，收受贿赂，贪污腐化几乎是顺理成章的事情。

　　再比如，从这里我们可以研究光绪年间北京的物价。每日用于洗漱饮食的开水要一钱，而四斤馒头要六分银子，如此看来，维持生活的开支并不低。

　　在我们印象中，历史总是宏大叙事，无论是天灾人祸还是战乱鼎革，展现的多是大时代、大人物、大事件。

　　但真实丰满的历史，是由许许多多不同剖面组成的，更多的往往不是从在上者的嘴里说出来，更不会被《左传》《史记》记录只言片语。

　　一切历史都是生活史。如果《新周刊》记录的是一个时代的体温，那么生活则是所有时代的体温。

生活中的一件小事也许就能影响历史进程。

前段时间，我看到一个小故事——1940年11月11日，英国人艾弗森夫妇乘坐"奥托墨东"号前往新加坡。半路上，他们的船遭遇了德国的袭击舰，在一场没怎么流血的冲突后，英国船投降了。德军士兵俘虏了船上的乘客和船员，并将他们转移到袭击舰上。

就在转移途中，艾弗森太太哭着对德国军官说，她有一套非常昂贵的瓷器茶具，这是她所有的家当，能否让她带走。罗格船长同意了她的请求，派出上尉莫尔在行将沉没的船上找到了这套瓷器，同时他也找到了几大袋英国发往各殖民地的机密文件。德国人将这些机密文件交给了盟友日本。日本人研究这些情报时，发现英国在东南亚殖民地的防务极其松懈，几乎是不设防。日本由此信心大增，决定南下与英美开战。一年之后，日本偷袭珍珠港，太平洋战争爆发。

假如艾弗森太太不是因为穷困，不舍得那套瓷器，德军就不会发现机密文件，日本也无法获得可靠的情报为自己的战略作事实支撑，那么正在为南进和北进犹豫不决的日本人能否下决心进攻东南亚呢？

历史不能假设，但历史就是如此巧合。一套珍贵的瓷器和一个人穷志短的女士，为重大的历史进程加上了一根沉重的稻草。

生活仿佛有一双看不见的翅膀，不断扇动，影响着历史的演变。因为交换不到足够的盐、铁、茶叶，努尔哈赤举兵叛明，鼎革天下；古代没有保鲜技术，肉食容易变质，需要重口味的香料烹调，而香料来自遥远的东方，这促使了哥伦布投奔怒海寻找神秘的印度，从而发现了美洲新大陆。

不要以为生活中只有小事，其实吃喝拉撒、衣食住行就是经世济民的大事，盐和铁可以让天下倾覆，小小的香料也可以推动人类进步。

从《气候改变人类历史》《肉食变迁简史》到《清朝京官的收与支》,在《新周刊》的视野里,生活史遗珠遍地。我们用锐利的眼睛审视着历史的故纸堆,从中发现有趣的"新知",为读者寻找看不到的角落。

历史不仅有温度而且有态度。

我们关心历史中的普通人。清朝的邱双租种了一块甘蔗地,一年租金为白银2.4两。收获的甘蔗后来卖了番银17元,大约合白银14两。这么一算,邱双的地租不过是收成的17%。平均下来,邱双每月的净收入能有一两白银,已经够他们一家生活。

又如万历年间艺人的收入,戏班演一场能收"一两零八分",后"渐加至三四两、五六两"。而那个时代,猪肉每斤0.02两银子,牛羊肉每斤0.015两, 一只活鸡0.04两,5斤重大鲤鱼0.1两,烧酒每瓶0.05两。根据换算,一场堂会的价格只要6000多元人民币。(《一两银子的购买力》)

所有历史又都是当代史。以铜为镜可以正衣冠,以史为镜可以知兴替。我们从《中国古代的纸币》看到了关于信用的重要,从《官商沉浮录》观察到权力寻租的丑态,从《宋朝的"官二代"》又看到有识之士的信念与担当。

从2013年4月,我来到《新周刊》参与创办《历史》栏目,短短几年间,我们为读者展现了几千年来,华夏中国和她的百姓的喜怒哀乐、悲欢离合。如今我们精选了其中部分文章集结成册,以飨读者,以为纪念。

并借此地,感谢决定开设《历史》栏目的前执行总编封新城,感谢帮助栏目成长的前辈何树青、周可,还要感谢所有为这个栏目供过稿的同事——谭山山、金雯、于青、郭小为、钟瑜婷等。感谢为《历史》栏目提供过各种帮助的教授和学者——樊树志、李炜光、李冬君、雷颐、马勇、毛佩琦、张玉法、张鸣、谭伯牛等。感谢段宇宏、李夏恩、司马戡、田路、吴钧、杨津涛、阎滨、陈祥等特约作者。

致谢名单难免挂一漏万,如有遗漏,敬请原谅为盼。

《新周刊》副主编　唐元鹏

2019年7月

显微镜下的古人生活

"风流"太后那些事儿

杨津涛

公元前265年,弥留之际的秦宣太后想起了情人魏丑夫。她希望情人永远陪在自己身边,立刻下令:"我死之后,一定要让魏卿殉葬。"魏丑夫吓坏了,托人劝说宣太后:"太后,您也知道,人死了就什么都不知道了,为什么还要白白牺牲自己所爱的人呢?如果人死后还有另外的世界,您还要陪伴您的丈夫秦惠王,还有闲暇同魏丑夫谈情说爱吗?"一番话竟说得宣太后改变了主意,可见她对魏丑夫的爱是真实的。

不知道宣太后有没有想起义渠王——那个钟情于她的美貌,和她私通生下两个孩子的男人。然而,当义渠王最后一次满心欢喜地来到秦宫,等待他的不是情人的拥抱,而是大秦甲兵。义渠亡国了,宣太后会不会觉得自己愧对义渠王?

宣太后,或者是"芈八子",这个我们已经没法确定其名字的秦国太后,掌控秦国整整40年,留下的不只是风流故事,还有一个称雄列国的大秦。如果没有她,她的玄孙嬴政能不能成为秦始皇,也是未知数。作为中国历史上的第一位太后,宣太后为后世留下了一个有为但"荒淫"的经典范本。

太后：艰难的"皇权守护者"

历史上有多少个太后曾掌握政权？据《临朝太后》一书作者周锡山统计，从战国时的秦宣太后，到晚清的慈禧老佛爷，中国历史上临朝或干政的太后达43人。其中东汉最多，先后有7人；北宋次之，有5人。西汉吕太后、东汉邓太后、北魏冯太后、唐朝武则天、辽国萧太后、清朝慈禧太后等，无论知名度，还是治国能力，都超过了历史上大多数男性皇帝。这些实权太后的出现，有其必然性。

在皇位世袭制下，常会出现皇帝驾崩时，太子只有几岁、十几岁，甚至身在襁褓的情况，那么就需要有人替小皇帝暂时行使权力。能承担这个职责的，首先是年长的皇族，但他们本来就是皇权最大的威胁，是重点防范对象，极少有机会出来摄政；其次是有名望的大臣，这些人手握大权后，又很可能上演"禅让"大戏，干脆改朝换代。数来数去，能托付大事的只剩下小皇帝的母亲——太后。同皇族和权臣相比，太后的地位来自丈夫、儿子，维护王朝正统，最符合她的利益。

女人干政本来是为儒家礼法所不容的，但在"家天下"的观念下，国事其实也是皇帝的家事。太后作为皇帝的母亲，在丈夫去世后，以家长身份，替儿子处理政务，可谓理所当然。因此，那些信奉儒家理念的大臣，并不质疑太后摄政的合法性，他们只会拿不同于往常的标准，非议自己的女主。

比如，皇帝在位久了，大臣们都想他活到"万岁"，要是太后当权的时间长了，他们便忧心如焚。比如范雎看秦宣太后长期掌权，就唆使秦昭襄王夺回权力；在东汉殇帝、安帝时临朝称制16年的太后邓绥，治国有方，又注意约束同族，但因为她生前没有归政给安帝，称制到死，备受非议。

北魏太后：多情的未亡人

冯淑仪15岁当上北魏文成帝的皇后，24岁丈夫去世，太子拓跋弘即位，是为献文帝（北魏实行"子贵母死"制度，拓跋弘的生母早已被赐死）。最初辅佐小皇帝的是权臣乙浑，但他上台后排斥异己，图谋不轨。冯太后当机立断，诛杀乙浑，控制了朝局。冯太后并不贪恋权力，仅仅过了18个月，就宣布归政了。

意气风发的献文帝一掌权就迫不及待地赶走了冯太后任用的人。这还不够，他竟然还要干涉太后的私生活。大臣李弈长相俊美，最被冯太后宠爱。在另外一些大臣看来，这无疑"有伤风化"，要求献文帝出手"整治"。很快，献文帝借一个由头，处死了李弈，而负责审理此案的官员则获得高升。

冯太后很不高兴，发起反击，逼迫18岁的献文帝禅位给了5岁的太子拓跋宏——历史上大名鼎鼎的北魏孝文帝。太上皇献文帝没有就此屈服，他依旧批阅奏章，下发诏书。冯太后越发不爽，终于发动宫廷政变，毒杀献文帝。她被尊为"太皇太后"，又一次面对朝臣，代替孙子孝文帝管理国家。

这时冯太后找情人，再没人敢说三道四。太原王叡相貌堂堂、陇西李冲风度翩翩，被冯太后相中，成为其情人兼心腹。需要说明的是，这两人都颇有能力，都是北魏的一代名臣。因为冯太后有这么几个情人，并有毒杀献文帝的"劣迹"，以致被史家剥夺了原本属于她的功劳——所谓"孝文帝改革"，其实主要由冯太后策划和推动。

515年，孝文帝的孙子孝明帝元诩即位，胡太后临朝称制。论能力，她不比冯太后差，但奢侈无度，又确属"荒淫"。胡太后第一个情人是孝明帝的叔叔清河王元怿，元怿人长得帅、有才华，在朝中很有名望,被胡太后"逼而幸之"。另一名大臣郑俨日夜在宫中陪伴胡太后,即使是放假,胡太后也要命一个太监随郑俨回家进行监视。于是郑俨只能和妻子聊聊家事,而不敢有什么亲昵举动。

将军杨白花与胡太后发生私情后,害怕引来杀身之祸,一路南下,投靠了梁朝。胡太后思念心上人,作了一首《杨白花歌》,让宫女时时演奏:"阳春二三月,杨柳齐作花。春风一夜入闺闼,杨花飘荡落南家。含情出户脚无力,拾得杨花泪沾臆。秋去春还双燕子,愿衔杨花入窠里。"

胡太后的这些作为,引起大臣的不满。北魏宗室元顺在朝上直言:"妇人死了丈夫,自称'未亡人',要不戴首饰、不穿华丽的衣服。太后母仪天下,现在都快四十岁了,还打扮得这么娇艳,让后世怎么看?"胡太后回到宫中,斥责元顺:"我千里迢迢地把你找来做官,难道就是让你当众侮辱我吗?"元顺回答:"太后您连天下人的耻笑都不怕,难道还怕我这一番话吗?"胡太后无言以对。北魏政局此时已然大乱,权臣尔朱荣起兵杀入京师,胡太后及幼主元钊一起葬身黄河。

女皇武则天的两个丈夫、四个情人

武则天13岁入宫,25岁丈夫唐太宗去世;27岁再次入宫,丈夫是小她4岁的唐高宗。武则天先后嫁给父子两人,这当然很不合礼法,但在这两段婚姻期间,武则天都没有外遇。683年,唐高宗去世,中宗李显即位,尊武则天为皇太后。

货郎出身的冯小宝长相英俊、身材健美,被千金公主偶然发现后,献给了武则天。武则天对冯小宝一见钟情,为了方便以后见面,就让他削发为僧,改名薛怀义,让太平公主的丈夫薛绍称他为

武则天画像

"叔父"。薛怀义从此和各位大唐高僧一起宣扬佛法,出入宫中。武则天后来修建了一座白马寺,由薛怀义做住持。

在武则天宠爱薛怀义的这十年间,她自己成了大周皇帝,而薛怀义几次奉命征讨突厥,幸运地建功,最后官至右卫大将军,封鄂国公。薛怀义这时已经厌恶进宫,更喜欢住在白马寺,显然是不耐烦去讨好70多岁的女皇帝了。他选拔数千名力量过人的和尚,招到寺里。御史周矩判断这是阴谋作乱的前兆,提醒武则天,没想到反被薛怀义诬陷,丢了官职。

老太太回护情人,但总也不见情人来,寂寞难耐,又看上了御医沈南璆。薛大将军很快就意识到自己失宠了,一怒之下,放火烧了两座宣扬佛法的殿堂。武则天知道是情人要小性子,并没有追究,只是令薛怀义监督重建。谁知薛怀义变得愈加有恃无恐,让武则天对他日益厌烦。不久,薛怀义的阴谋被告发,武则天下令勒死了这个情人。

薛怀义死后,太平公主给母亲推荐了张昌宗,张昌宗又让兄弟张易之一同侍奉女皇帝。张易之当时20多岁,史称他"白皙美姿容,善音律歌词",是一个多才多艺的美男子。兄弟俩平时脸上涂着粉,身上穿着华丽的衣服,到宫中"侍寝"。他们的官职一升再升,很快追上当年的薛怀义,当上了国公。好景不长,705年张柬之等发动政变,迫使武则天恢复大唐,张昌宗、张易之被杀。

武则天见于史书的情人,也即所谓"面首",仅有以上这四人。她动过"多选美少年"到宫中陪伴的念头,但经大臣一劝,也没有坚持。正如赵翼所说:"人主富有四海,妃嫔动至千百,后既身为女主,而所宠幸不过数人,固亦无足深怪。"

萧太后：同情人一起建设大辽

对于萧太后，中国人并不陌生，她是《杨家将》故事里的重要人物，宋朝的最大对手。萧太后名叫萧绰，小名萧燕燕，嫁给辽景宗耶律贤，父亲是辽国的北府宰相。这是一场不折不扣的政治婚姻，萧燕燕被迫离开了自己钟情的韩德让。韩德让的爷爷韩知古是被契丹人掠来的汉人奴隶，后来凭着本事，官至中书令。

辽景宗体弱多病，登基后不久便将大权交给妻子萧燕燕，并允许她在诏书中自称"朕"。正是在萧燕燕的坚持下，辽军在高梁河大破宋军，稳定了幽云十六州。982年，辽景宗病重，留下遗言：军国大事听皇后命。随后12岁的辽圣宗耶律隆绪即位，30岁的萧燕燕以太后身份临朝主政。

萧太后需要有人帮她一起管理朝政，韩德让当然是最好的人选。萧太后话说得很直接："吾尝许嫁子，愿谐旧好，则幼主当国，亦汝子也。"意思是说：咱们本来就有婚约，现在我的儿子，也是你的儿子，咱们一起辅佐他。萧太后为再续情缘，甚至不惜下毒杀死了韩德让的发妻。在这对情侣的配合下，大辽国势蒸蒸日上。

王学权在《"铁血巾帼"——萧绰》一文中举了萧太后与韩德让"秀恩爱"的几个例子。说是涿州刺史耶律虎古是韩德让父亲的仇人，韩德让在大殿借故公然打死耶律虎古，萧太后不闻不问。又有一次，大臣们一起打马球，韩德让技不如人，被大臣胡里室撞下马来，眼看情人受伤，萧太后二话不说，当即下令斩了胡里室。萧太后还为韩德让赐姓"耶律"，让他成为小皇帝的"叔叔"。

1009年，56岁的萧太后去世；一年多后，韩德让也随之而去。辽圣宗将他安葬在萧太后的陵墓边，为世人留下了一个浪漫的传奇。

一两银子的购买力

🅕 杨津涛

《水浒传》里，鲁智深、史进、李忠三人在酒店里闲聊，看到卖唱的金家父女。鲁智深可怜他们，自己"去身边摸出五两来银子"后，又对史、李二人说："借些与俺。"史进二话不说，"去包裹里取出一锭十两银子"；李忠则抠抠搜搜地"去身边摸出二两来银子"。

"鲁提辖看了，见少，便道：'也是个不爽利的人。'"

小小一幕，便把明朝不同阶层的经济状况展现得一清二楚（《水浒传》的故事发生在北宋，但社会风貌反映的是作者生活的晚明）。表面上看，史进豪爽，李忠小气，高下立判。但史进家是大财主，出逃时带了全部家当，十两银子不算什么；鲁智深是中级军官，五两银子也算是将近一半的月薪呢；李忠呢，是一个打把式卖艺的平头百姓，这二两银子没准儿就是他十天半月的辛苦钱，白银不好赚啊。

白银战胜纸币

白银在晚唐初露货币化苗头，到北宋成为一种通用的定价参照物，主要被用于帝王赏赐、政府开支、百姓课税，以及对官员的贿赂。

仅就贿赂而言，很容易看到白银的优势。试想，你要贿赂一个官员，是推着一车铜钱好呢，还是怀揣一袋银锭好呢？前者招摇过市，估计不是胆大包天的官员还真不敢收。

同样，在还没有产生钱庄的时代，一个北京的商人带十万贯钱到广州做生意，真是无法想象的艰辛旅程。市场呼唤一种体积小、价值大，又不轻易贬值的货币，从宋朝起开采量就大增的白银，自然脱颖而出。

朱元璋当皇帝后，将北宋政府的用银方法全部继承，但不准民间流通，大力推广所谓"大明宝钞"。老百姓不是傻子，他们不会相信一张纸上写"一贯"，就真把它当一千个铜钱。

在流通中，"一贯"的纸币，实际购买力通常不足面值的一半。明朝中叶，纸币信用彻底破产，到了"新钞一贯，时估不过十钱，旧钞仅一二钱"的地步，以至于"积之市肆，过者不顾"。以集权著称的帝国政府，也不得不向经济规律低头。正统元年（1436），刚刚即位的明英宗，或许是出于收买人心的目的，宣布废除祖宗之法——禁银令。从此以后，白银成了市场上的主币，铜钱、纸币降为辅币。

一两银子合多少人民币

同我们在电视上看到的一样，作为货币的白银，主要被铸成"元宝"。元宝上刻有产地、重量、经手官吏、工匠姓名等，通常能有五六十字。

船形元宝便于缠在腰间，使"腰缠万贯"的说法成为可能，如果真在腰上缠一万贯铜钱，土豪也得累死。最为常见的50两元宝，面额太大，平时交易只用《水浒传》中好汉买酒的"散碎银子"。

银锭上传达的信息非常重要，因市场上流通的元宝都是合金,含银量不同。如清朝北京有松江银,上海有二七宝银,长沙有用项银……全国约有100多种银锭。后为方便流通,康熙时规定了作为单位的"虚两银"——纹银,纯度为935.374‰。还需要说明的是,所谓"一两"在各地的重量也不同。通常而言,明清时一两银子重37.3克。

在银元进入中国前,想要花银子,得先验成色,再称重量。花起来也很复杂,破整的时候,商人们还要用大剪子剪,用小秤称过。

将白银换算成人民币,通常是以米价为中介。不同时期,各个地区的米价差异颇大。黄冕堂《中国历代物价问题考述》中搜集的数据显示,一石米的价格,明朝从两三钱到一两,清朝从五六钱到二三两,都很常见。明清时期1石约合0.1立方米,1立方米大米约为800千克,现在全国米价大致5元／千克。如果用嘉靖年间均值0.8两／石、乾隆年间均值1.5两／石的米价来分别计算,一两白银在嘉靖时相当于500元,在乾隆时相当于267元。这几百年间白银购买力跌了几乎一半,这是隆庆开海后,南美、日本的白银源源不断输入导致的。

社会中上层的高薪

在古代,官员是高收入阶层。以清朝来说,官员的俸禄包括白银和大米,其中一品文官年俸是白银180两,九品文官年俸是白银33两。雍正以后,官员有"养廉银"这一合法津贴,通常是俸禄的几倍,乃至几十倍。

拿"七品知县"来说,他们的年俸是白银45两加大米22.5石,约合白银80两。而一个知县每年的养廉银有600~2000两。依照张仲礼《中国绅士的收入》一书所说,加上附加税"火耗"等,一个知县的年收入有白银3万多两。但这些收入很多都要用于贿赂上级,真正到手也所剩无几。

读书人就是当不了官,一直做教书先生,工资也相当可观。大学者到书院去做"山长",通常一年有几百两收入。曾国藩平定太平天国后,重建了南京的钟山书院,给予山长的待遇是年薪984两白银,包括正式工资、伙食补贴,以及过节费。

晚清山西士绅刘大鹏的东家也很不错,给他开了白银100两的丰厚报酬,还为他配了一个仆人。但刘大鹏并不将教书视为理想工作,自言"为糊口计耳"。其实刘大鹏比另一个同行朋友幸运多了,那个朋友一年教五六个学生,一人交"束脩"1600文,加在一起不过白银10两左右,每个月仅靠一两白银养家。

清朝徽州的生员詹元相,除塾师工作外,主要投资土地当地主。如康熙四十四年（1705）,詹元相"支银四两五钱,买贤生弟楼下塅田租六秤,田皮一秤",第二年他再将"庄基山田皮五秤"租出去,得银"一两九钱五分"。詹元相至少有11块这样的土地。所谓"一秤田",即能生产一秤（9~15千克不等）粮食的土地。詹元相的土地名义上能有几十两收入,但实际很难如数拿到,因为佃农时常有抗租行为,经常还得打官司收钱。

平头百姓的辛苦钱

那么耕种詹元相土地的佃农,一年忙忙碌碌,到头来能有多少回报呢？江南土地分散,没有什么大地主,"自种租田三五亩"的情况很普遍。对生产所得,佃农与地主通常是对半分。少数情况下,有的佃农能获得全部收成的80%,有的仅能拿到15%,这是由佃户掌握生产资料的多少决定的。如果佃户的农具、耕牛、种子都借自地主，又怎么好意思在年终时多分稻谷?

詹元相的"庄基山田皮"既收1.95两白银的租金，那租户所得也大致相当。这个租户显然不会一年仅种这么一小块土地。张履祥《补农书》说"上农夫一人止能治十亩"，而徽州亩产粮食328斤，一个农民年产3280斤，自己落一半，约10石，合白银15两。这还不算家庭中的妇女们通过织布等副业获得的收入。

种经济作物来钱快，古人也懂。福建南靖县的邱双租种了一块甘蔗地，一年租金为白银2.4两。收获的甘蔗后来卖了番银17元，大约合白银14两。这么一算，邱双的地租不过是收成的17%。平均下来，一两白银恰是邱双每月的收入。

在绅士、自耕农以外，明清两朝还有工资日结、月结的短工，一干一年的长工。清朝时，东三省禁止内地移民，人口较少，用工成本最高，通常一年需白银9~15两。内地工资以经济发达的江浙地区为最高，平均一年6~8两，陕西、山东、湖北等大多数地区为4~6两，待遇最差的是甘肃、广西、贵州，一个长工干一年只能得到1~3两。这就是说，清朝一个长工要赚一两白银，最少要一个月，最多几乎一年。

短工杂役的薪水比长工多不少。万历年间，宛平县县令沈榜的《宛署杂记》记录了县政府的收支。他说，雇用没有技术的杂役，比如"打扫夫、短夫"，日薪是白银0.03~0.04两；有技术的，如"油漆匠、装订匠"，能有0.05~0.07两的日薪。

至于医生，西门庆家请大夫看病，少则给白银二钱，多则有三五两。看来医生在什么时代都是高收入者。

明清时普通工人的平均月薪都在一两白银左右，但因白银实际购买力发生变化，清朝工人的生活水准较明朝有所下降。

衣食住行真不贵

钱是挣了，一两银子能做些什么呢？一生用度，无非衣食住行，侯会在《食货金瓶梅》里搜罗了不少实例，展示了晚明社会的生活百态。

先说"衣"。《金瓶梅》里的常峙节穷困潦倒时，西门庆资助了他一笔银子。常峙节给妻子买"一领青杭绢女袄、一条绿绸裙子、月白云绸衫儿、红绫袄子儿、白绸子裙儿"，为自己买"鹅黄绫袄子、丁香色绸直身儿"，这7件私人定制服装，再加上"几件布草衣服"，一共花去"六两五钱银子"。

对于这次消费，常峙节老婆说："虽没的便宜，却直这些银子。"这么算下来的话，一件比较好的衣服，大约也要1两银子，也就是今天的500元。《金瓶梅》中真正昂贵的衣服，还要数李瓶儿那件貂鼠皮袄，值白银60两，也就是3万元人民币。

再说"食"。《宛署杂记》中记录说，猪肉每斤白银0.02两，牛羊肉每斤0.015两，一只活鸡0.04两，5斤重大鲤鱼0.1两，烧酒每瓶0.05两等。当时1斤约相当于600克。在这种物价标准下，《金瓶梅》里下饭馆都极便宜。侯林儿与陈敬济在酒馆里点了"四盘四碟，两大坐壶时兴橄榄酒"，以及"两三碗温面"，总共花了"一钱三分半银子"，也就是0.135两白银，不到100块人民币。

再说"住"。房子让当代人操碎了心，在古代却不是个事。网上曾流传一个段子，说卖炊饼的武大郎都住得起两层小楼。其实真相是，潘金莲把钗梳卖了十几两银子，"典"下了"县门前楼上下两层四间房屋居住，第二层是楼，两个小小院落，甚是干净"。所谓"典"就是从房主那里获得使用权，房主保留产权，可在一定期限内赎回房产。虽不是买，但几千块就能在县城里几乎无限期地住上独立小楼房,那是相当划算。

那时的"商品房"也不会让工薪阶层望而生畏。西门庆帮常峙节买的"前后四间"房,只花白银35 两。用明朝工人每月1两的平均工资算,节衣缩食几年,也能全款买房了。当然了,阳谷只是山东一个小县城,房价相对京城这样的大都市,一定是便宜不少的。

最后说"行"。轿子是老爷们出行的必备行头,潘姥姥到西门庆家给潘金莲贺寿时,租了一顶轿子。潘姥姥进门找女儿要6分银子,付轿子钱。潘金莲听了怒道:"我那得银子来?人家来,不带轿子钱儿走!"吵吵半天,最后孟玉楼"向袖中拿出一钱银子来",才把轿夫打发走。潘金莲还不肯罢休,数落老娘:"你没轿子钱,谁教你来了?"其实6分银子不过30 块人民币,明朝"打的"实在不贵。

古人消费多奢侈?

当然,古人也有娱乐生活。明末大臣陆文衡在他的《啬庵随笔》里说,万历年间,艺人演一场才"一两零八分",后"渐加至三四两、五六两"。有一次,陆文衡请人搭台唱戏,已经是"价至十二两",如果有女艺人参演,要另加"缠头之费"。折算成人民币,6000多元就能请几个小明星到家里开演唱会。

如果雇人唱不过瘾,还能把人直接买到家里来,想什么时候听就什么时候听。潘金莲9岁时被卖到王招宣府里,十二三岁就会"描眉画眼,傅粉施朱,品竹弹丝,女工针指"。要买这么一个才艺双全的少女,只要30两银子。在大明朝,15000元就能领一个"潘金莲"级别的美少女回家。

在古人所有消费中，买官恐怕是最贵的。《红楼梦》里，宁国府的贾珍想给儿子贾蓉"捐个前程"，拿1200两银子贿赂太监戴权，买了"五品龙禁尉"。戴公公与贾家关系向来不错，这还是友情价，那"襄阳侯的兄弟"花了1500两银子才当上同样的官。书中交代，这"龙禁尉"共有"三百员"，是个不大不小的虚职，月薪一两的老百姓如果要买，得不吃不喝一百年。

在流通白银的明清时期，城市中的一个普通人大约每月能赚到一两银子，可以买大约100千克大米或25千克猪肉，或者一件私人定制时装。在一个普通城市，省吃俭用存上十年八年银子，也能买房，过上老婆孩子热炕头的生活。

宋朝小贩的幸福生活

🅕 黄勇

作为宋朝一个卖炊饼的小贩,武大郎过的是小康生活:租得起临街两层小楼,平时酒肉不愁。武大每日挑几筐炊饼沿街贩卖便能把生活费挣出来,他一没有被收重税,二没有被衙役踢摊子,日子过得平静悠然。如若不是登徒子西门庆搅局,恐怕这一家人也能安乐祥和地把小日子过下去。

在明朝小说中,并非只有这一个宋朝小贩形象。冯梦龙《醒世恒言》第三回《卖油郎独占花魁》同样讲到南宋临安城里的一名卖油小贩秦重,说他靠卖油竟能在一年多的时间里,把3两银子的本钱变成了16两银子。

或许有人说,这只是小说家言,不足为凭。但在宋朝史料中,并不难找到现实的例子。南宋人洪迈的《夷坚志》中便讲述了一名小贩的发迹史:"吴十郎者,新安人,淳熙初,避荒,挈家渡江,居于舒州宿松县,初以织草履自给,渐至卖油,才数岁,资业顿起,殆且巨万。"一个小贩靠织草鞋和卖油,才几年时间,就家财巨万,暴富之迅速,令人瞠目。宋人笔记中,南宋初期临安著名的小贩宋五嫂、李婆婆等也是靠着经营饮食摊发家致富的。

宋朝社会商业发达,在名画《清明上河图》中就有各种各样的摊贩，无论桥头、城墙边还是街道旁，剃头的、卖甘蔗的、卖菜的、叫卖各种小吃的，应有尽有。

宋朝城市管理相当人性化

那么在宋朝，一个沿街摆摊叫卖的小贩，如何能过起幸福的生活呢？

想要买卖好做，首先不能总遭遇没事找事的衙役，商业的正常经营必然离不开政府的人性化管理和支持。

在唐朝，商人只能在规定的地点即设有围墙的"市"内从事交易活动。坊市闭门以后及开门之前，无故行走者将受到被打20鞭子的处罚。

到宋朝，由于商业活动增加，城市布局已打破唐朝坊市界限，城镇和乡村集市均可随处摆摊开店，营业时间也不受限制。政府不但不予干涉，甚至还明令保护。

乾德三年（965），宋太祖就专门降旨："令京城夜市至三鼓以来不得禁止。"由于朝廷的保护，城市小贩更加活跃，"大街买卖昼夜不绝"。

宋朝的城市管理者同样会遭遇与今天相同的问题：商贩侵街，影响市容交通。为此，宋朝政府设立了相当于现在城管的"街道司"。街道司虽然也有维持城市的卫生、整修与日常秩序的职责，但绝不会整天驱逐小商贩，闹得鸡犬不宁。

虽然小贩侵街占道问题屡禁不止，但朝廷顾及小贩的生计，一般不主张轻率粗暴地惩处小贩。如宋真宗天禧四年（1020），"开封府请撤民舍侵街陌者，上以劳扰，不许"。为了解决这个问题，朝廷集思广益，绞尽脑汁，终于找到了解决的办法：在街道两

[北宋]张择端《清明上河图》(局部)

旁适当距离,竖立"表木",作为禁止侵街占道的红线。红线之内,允许设摊、开店,侵出红线之外就要受罚。

《清明上河图》里的虹桥两头就立有四根"表木",桥上两边,小商贩开设的摊位,都在"表木"的连线之内,中间留出通行的过道。这样,既照顾了商贩的生计,又不致妨碍公共交通。

更难得的是,宋朝皇帝扩建皇宫和出巡都要顾及商贩的经营和市民生活。如雍熙三年(986),宋太宗想扩建宫城,担心影响东京(今开封)市民的生计,便派殿前指挥使刘延翰等人去了解民意。

刘延翰等人当然不会搞什么听证会,也没有铺天盖地宣传这次民意调查的重大意义,但所得到的民意结果却是实实在在的。最后宋太宗"以居民多不欲徙",取消了扩建计划。

康定元年(1040),宋仁宗出巡。尽管当时街道狭窄,宋仁宗既未下旨拆迁,也没有诏令封路,而是命"侍从及百官属,下全厮役,皆杂行其道中","而士庶观者,率随扈从之人,夹道驰走,喧呼不禁"。宋仁宗这等亲民作风,也为他身后赢得了"仁"的庙号。

宋朝商业利润率很高

做生意想致富,首先要有高利润。在宋人的笔记中,有经营为"逐什一之利""逐什百之利"的记载,所以一般认为宋朝商业的平均利润率为10%左右。

但是,这只是平均利润率,很多商品的利润率远不止于此。让我们看看东京笼饼的价格变化轨迹。

据《春渚纪闻》记载,宗泽在宋高宗建炎元年(1127)出任东京留守时,让自己的厨师按照市面上的规格制作了一批笼饼,经过测算,得出每枚笼饼的成本为6文钱,而根据宗泽的回忆,他在宋哲宗元祐六年(1091)初到东京时,每枚笼饼卖7文钱。

初看元祐六年每枚笼饼利润仅1文钱,但事实并非如此。由于北宋后期东京粮价一路上涨,相隔36年后,建炎元年的粮食已是天价。

根据史料记载,宋哲宗执政后期物价一直上涨,到宋徽宗继位后更是物价暴涨,不可收拾。《宋史·食货志》记载了宋徽宗宣和四年(1122)东京的米价为"石二千五百至三千"。

宗泽就任东京留守正值靖康之难后,金兵初退,东京物资奇缺,物价飞涨,尽管宗泽使用铁腕手段抑制物价,到建炎三年(1129)米价仍维持在每升四五千的水平,已是宣和四年的100多倍。

因此,元祐六年的粮价应远低于建炎年间的水平。

米价涨落是粮食价格乃至整个物价起伏的风向标,而粮食价格是决定笼饼成本的主要因素。结合物价上涨幅度,完全可以得出这样的结论:元祐六年一枚笼饼的成本可能不到建炎元年的一半,也就是说,成本不足3文钱,其毛利率接近60%。

这还不算利润最高的生意。南宋初期,社会上流行着这样一句谚语:"欲得官,杀人放火受招安;欲得富,赶着行在卖酒醋。"这里的"行在"就是临安(今杭州)。由于开酒店最赚钱,因而临安酒店林立,时人有"青楼酒旗三百家"之说,其中不乏小贩经营的小酒店。即便以下层人民为主要顾客的所谓碗头店,利润率在50%以上也相当正常。

利润率如此,而小贩由于本钱小,资金周转往往很快,一旦经营商品适销对路,当然能获得更高的利润。

宋朝商税不威胁人民生活

决定小贩收入的第一因素是利润,而政府的税收又对其利润产生重要影响。

宋朝的商税有两种:对经过收税点的过往商贩收取的税称"过税",税率2%;对店铺与城镇摊贩收取的税为"住税",税率3%。另外,对于少数特定商品,政府要收取10%的实物作为抽税,但应税商品在抽税后不再征收过税和住税。表面上看,过税税率较低,但由于相同货物可以在不同关卡重复收税,因此实际过税往往高于住税。

各项加起来,商税有时超过了商品价值的10%。学者程民生在《宋代地域经济》一书中对各地的商税做了统计,得出全国户均商税额为467文。

不过,宋朝发生重大灾害时,政府对商税的征收都要加以斟酌,视情况减免特定商品的税率,如宋宁宗嘉泰四年(1204),因临安府大火,烧毁房屋无数,急需竹木建房,朝廷下旨:凡官民与贩及收买竹木等与免收税两个月。

宋室南渡后,对于米谷、茶盐、柴炭等生活必需品,不分常时与非常时都免除商税。日本著名学者加藤繁认为:"在宋代商税政策中,应该承认有着不使威胁人民生活的精神和重农主义。"

像武大郎这样的小贩,不大会去经营那些抽税商品,并且由于本钱小,无法承接长途贩运的业务,一般只在市镇内或相距不远的几个市镇。

而《庆元条法事类》明确规定,不得无故在离城五里外向过往商人收税,违者杖责八十。所以,小贩所承担的过税微乎其微,3%的住税和少量过税负担对他们的收入并不构成实质性影响。

宋朝的商业政策也影响到后世,明朝的商税税率就极低,仅"三十而取一",多收即属违令。

到16世纪后期,很多地方更是停止征收商税,像浙江金华这样商业繁荣的地方,万历六年(1578)全县仅象征性地征收了不足白银7两的商税。

在这样的政策氛围中,明清时期的小贩自然不乏致富成功的例子。明朝温纯写的一篇墓志铭中就描述了明朝的一个小贩一步一步发家成为大富豪的经历:"伯子,吾三原一良贾也……稍长,小贾邑市,已贾吴鬻布,有天幸,家日起,已贾淮扬,治盐荚。"

宋朝政府通过立法保护商贩合法权益

在宋朝，贪官污吏作为个体多重收税的例子也有，但从整体情况看，宋朝官府非常在意税收对商人的负担，很注意避免"商人亏本，少人行贩"。宋朝政府在某种程度上是商业经营的保护者。

从宋太祖开始，就曾多次下令，"不得苛留行旅，赍装非有货币当算者，无得发箧搜索"，又诏"榜商税则例于务门，无得擅改更增损及创收"。

朝廷规定："诸税务监官买商税人之物者徒一年，若为人买及托买者各杖一百。"同时，还对因税务监官购买商人物品致其亏损的行为"致饶减税钱，各计所亏，准盗论"，从而避免了税务官员以权压人，侵夺商人利益。

为了避免官府勒索商人，王安石变法在推行市易法时，朝廷又颁行"免行条贯"，规定免除各商行对官府的供应，各行按获利多少，分三等按月或季度缴纳免行钱之后，官府所需物资不再向各商行摊派。

这样，官员便无法利用特权强索商人财物。而获利润多的商人多交免行钱，又限制和削弱了大商人勾结权贵垄断市场的意愿和能力，从而保护了中小商人的利益。

随着宋朝政府保护商业活动和商贩利益的各项措施的实施，小贩的社会地位也得到了相应提高，他们开始有了做官的机会。

《夷坚志》中就有这样的记载："忠训郎王良佐，居临安观桥下。初为细民，负担贩油，后家道小康，启肆于门，称王五郎。"一名小贩竟靠着卖油使一家人过上了小康生活，还进入官场，位列三班。这在宋朝以前是不可想象的。

　　小贩经济和社会地位的提高也使文人对他们刮目相看。大文豪苏轼就提出了"农末并重"的主张，不但如此，他还身体力行，专门为一个卖油馓子的老妇人写诗打起了广告。诗中说："纤手搓来玉色匀，碧油煎出嫩黄深。夜来春睡知轻重，压扁佳人缠臂金。"

　　当然，宋朝以降的小贩生活也并非全是阳光普照。由于他们中多数人是失地进城的农民，本钱微薄，在创业过程中难免会饱尝艰辛。《金瓶梅》里就描绘了武大郎在经商之初的惨淡经营。

　　但是在宋朝，至少从政策层面上给了沿街串巷的小贩们宽松的商业环境。至于你做不做得成买卖，就要看个人的能力高低和运气造化了。

[南宋]李嵩《货郎图》(局部)

宋朝女人的"事业线"

文 吴钩

　　许多人都有这样的印象：大唐是一个开放的时代，所以女性的服装华丽、奔放、性感。这个印象大概来自《满城尽带黄金甲》《武媚娘传奇》之类的影视作品。

　　自然而然地，人们又会以为，入宋之后，由于程朱理学的兴起，个人的自由受到束缚，女性的服饰风格开始变得拘谨、呆板。甚至还有人演绎说："宋朝服饰保守，穿着也较麻烦，层层叠叠，像包粽子似的把美丽的女人包裹起来。也许是宋朝人的思想太狭隘，生怕自己的老婆被别的居心不良的男人偷瞧了去，所以一改唐朝大胆前卫的作风，用服饰将女人包裹了起来。"

　　每当听到这样的说法，都令人忍俊不禁。为啥不先去看看宋画中的女性形象再来下判断？幸而宋朝画家为我们留下了如此多的艺术作品，图像史料上的宋朝女性装束，比文献记录更直观、更真切地向我们展示了宋朝女子的服装审美风格。

"内衣外穿"几乎成了宋朝女子的标配

　　南宋刘松年的《茗园赌市图》画有一名提茶瓶的市井女子，她的着装，内衣外穿，酥胸微露，哪里有半点裹得严严实实的样子？

　　或许有人要说了，做小生意的市井女子为了招徕顾客才穿得这么暴露吧？就如现在台湾的"槟榔西施"之类。那好，再来看其他的宋画：北宋王居正《纺车图卷》上的贫家老妇、南宋梁楷《蚕织图卷》上的普通家庭妇女，穿的也都是低胸的上装，露出贴身的内衣。

即便是宋人笔下的道姑，也不是"像包粽子似的"将自己的身体包起来。北宋何充《摹卢媚娘像》上的道姑卢媚娘，身穿的是对襟低领道袍，里面的抹胸略略显露了出来。

而在引领女性审美潮流的宋朝上流社会，女子"内衣外穿"就更是时尚了。这一点可以从宋词中看出来。北宋词人赵令畤有一首《蝶恋花》，描写了一个娇羞的贵家闺中少女："锦额重帘深几许。绣履弯弯，未省离朱户。强出娇羞都不语，绛绡频掩酥胸素。"请注意"绛绡频掩酥胸素"这一句，是说这个少女穿着素雅的丝质抹胸。

北宋词人毛滂听歌伎弹唱琵琶曲，也写了一首《蝶恋花》："闻说君家传窈窕。秀色天真，更夺丹青妙。细意端相都总好，春愁春媚生颦笑。　琼玉胸前金凤小。那得殷勤，细托琵琶道。十二峰云遮醉倒，华灯翠帐花相照。"这句"琼玉胸前金凤小"，是说歌伎穿的抹胸绣着小小的金凤图案。毛滂为什么知道弹琵琶的歌伎穿着绣了金凤图饰的内衣？无非因为，按宋朝社会的时尚，女子内衣是可以露出来的。

这些香艳小词提到的抹胸，就是宋朝女性的贴身内衣，因其"不施于背，仅覆于胸而故名"，类似于唐人的"诃子"。宋人对抹胸极讲究，材质多为棉、布或丝绸，上面绣有精美的图案。北宋大理学家程颐的伯祖母还有一件"珠子装抹胸"，"卖得十三千"，值十三贯钱，相当于今天六七千元。内衣这么讲究，自然是为了在众人眼里显得大方得体、漂亮动人。

"抹胸+褙子"是宋朝女性的典型装束

对宋朝女性来说，"抹胸+褙子"是最典型的装束。褙子，有时候也写成"背子"，为宋朝最时兴的上衣款式，直领对襟，两腋开衩，下长过膝。宋朝女性习惯上身穿一件抹胸，外套上一件褙子，双襟自然垂下，不系带，不扣纽，任其敞开，因此，胸间内衣也略为外露。如果是胸部丰满的女性，自然会显露出诱人的"事业线"。

从宋朝风俗画所透露出来的信息来看，几乎所有社会阶层的宋朝女性都流行着"抹胸+褙子"的服装款式。我们看南宋萧照《中兴瑞应图》上的宋廷嫔妃与宫女，都是上身着一件抹胸，外面套一件褙子，前襟敞开，颈部与上胸是敞露出来的。

南宋刘宗古的《瑶台步月图》、南宋末年钱选的《招凉仕女图》，画的都是宋朝的大家闺秀、上层社会的女性，她们的着装也是"抹胸+褙子"。

出自南宋佚名画家之手的《歌乐图卷》，描绘了一群宋朝宫廷乐伎正在彩排乐器演奏的情景，图中乐伎均着淡雅的抹胸，外套一件红色的褙子。还有一幅《杂剧人物图》，画的则是宋朝市井瓦舍中的女演员，也是"抹胸+褙子"的装束。南宋画师李嵩绘有一幅《骷髅幻戏图》，图中一个平民少妇正在哺乳，可以看出来，她的上装是一件低胸的抹胸，外面再套一件敞开的褙子。南宋佚名作品《荷亭儿戏图》，画了一名在哄孩子睡觉的家庭妇女，也是身穿"抹胸+褙子"。

这些宋朝图像史料告诉我们，从皇家成员、宫女、大家闺秀，到宫廷乐伎、市井伶人、平民女性，几乎在所有的社会阶层中，都可以看到"抹胸+褙子"的典型装束,"内衣外穿"的款式寻常可见。即便不是"抹胸+褙子",穿襦裙的宋朝女子也能恰到好处地展示性感。大家如果有兴趣,不妨去找找李嵩的《观灯图》《听阮图》,以及宋人画的《女孝经图卷》,这些画中的文艺女青年与宫中后妃,都穿着低领口的交领襦裙,略露胸膛,虽不及唐人奔放,却比唐人优雅。

文献的记载也证明了"抹胸+褙子"的着装在宋朝女性群体中的普及性。《宋史·舆服志》载,乾道年间朝廷定后妃常服:"大袖,生色领,长裙,霞帔,玉坠子;背子、生色领皆用绛罗,盖与臣下不异。"

《武林旧事》记录有宋朝公主出嫁时要准备的嫁妆:"真珠九翚四凤冠,褕翟衣一副,真珠玉佩一副,金革带一条,玉龙冠,绶玉环,北珠冠花篦环,七宝冠花篦环,真珠大衣、背子,真珠翠领四时衣服。"这里面都有"背子"。

《东京梦华录》载,宋朝的媒人分为数等,"上等戴盖头,着紫背子,说官亲宫院恩泽;中等戴冠子,黄包髻,背子,或只系裙,手把青凉伞儿"。媒人也是身穿褙子。《西湖老人繁胜录》则载,杭州的酒库请歌伎做广告,"选像生有颜色者三四十人,戴冠子花朵,着艳色衫子;稍年高者,都着红背子、特髻"。这里的"像生有颜色"是容貌漂亮的意思。为官营酒库做广告代言人的漂亮歌伎也是身着红色褙子。

褙子还是宋朝女性的礼服,南宋朱子立"家礼",定"妇人(礼服)则假髻、大衣、长裾;女在室者冠子、背子;众妾假髻、背子"。换言之,宋朝女性穿着抹胸,套上一件微微敞开的褙子,是可以出来见客人的。在炎热的夏天,女性的褙子往往是半透明的薄纱罗,双肩、背部与小半个胸脯在朦胧的罗衫下隐约可见,更是性感迷人。

结合宋朝图像史料,我们可以发现,宋朝女子的身材不如唐人丰腴,多如当今的时装模特,以纤瘦为美;她们的服饰也不如唐人华丽夸饰,但绝对不是拘谨、呆板。以我观察宋画的感受,宋朝大家闺秀的衣着打扮,可谓素雅中透出小性感;市井女子的装束,质朴却不乏野性。

按学者孟晖《中原历代女子服饰史稿》的考证,"内衣外穿,袒露颈、胸,实在是有宋一代的平常风气,虽然其袒露程度较之前代有所收敛"。显然在宋朝那个时代,人们并不觉得女子微露"事业线"是一件很羞耻的事。

历史是怎样把宋朝美女裹起来的?

如此说来,所谓"宋朝服饰保守,穿着也较麻烦,层层叠叠,像包粽子似的把美丽的女人包裹起来"无疑便是无稽之谈了,也是不肯下考据功夫的想当然,是心中预设了一个"唐朝开放、宋朝保守"的立场,再推出宋人服饰风格"拘谨、呆板"的结论。

不过,若是说一个社会的开放度,可以从女子的服装体现出来,倒是有几分道理。宋朝女性服装的典雅、性感风格,恰恰便是宋朝社会自由度与开放性较高的表现。

从某种意义上来说,在中国历史上,女性颈部至胸脯上半部的裸露程度,不妨视为社会自由度的一个风向标。唐朝宫廷女性的装扮最为性感奔放,礼教对于宫廷女性的束缚也最为松懈,乃至皇室贵族盛行乱伦荒淫不德之风。朱熹对唐室风气便颇有微词:"唐源流出于夷狄,故闺门失礼之事不以为异。"后人以"脏

[南宋]佚名《歌乐图卷》(局部)

唐"相称,不全然是诬蔑之词。相比之下,我觉得宋朝女性的裸露程度才恰到好处,既展现出女性的性感,又不似唐人放浪。

入元之后,随着立领的兴起,女性的低领装束便开始越来越少见了。故宫南薰殿旧藏中有历朝帝后画像,从中随机挑出宋、元、明、清皇后画像各一幅,放在一起略为比较,我们便可以发现,宋朝皇后的礼服(翟衣)是低领的,元、明、清三朝的皇后礼服则为高领,将脖子包裹得严严实实。

这大概也是宋朝之后,礼教束缚与国家控制趋严、社会自由度与开放性降低的折射。风格拘谨的女性服装在清朝最为常见,这个印象在我们观看清朝仕女图时会觉得特别深刻。清人崔错画有一幅《李清照像》,画的虽为宋朝女性,但其服饰则是典型的清朝高领对襟款式,整个人物形象看起来确实非常拘谨、呆板。但你如果以为宋朝那个"轻解罗裳,独上兰舟"的豪爽女词人就是这样子,显然是张冠李戴了。

中国古代的纸币

文 九段

　　1271年，忽必烈建国号为"大元"。建议来自一名叫作刘秉忠的汉人官员，按他的意思，大元之名取自《易经》中的"大哉乾元"，这样的名称会更加中国化，更利于中国文人接受。

　　随即，已成为元世祖的忽必烈下诏颁行"纸币"。一纸诏令，宣示了人类历史上第一个完全使用纸币的国家诞生。元朝的纸币名为"宝钞"，这不是中国历史上第一次发行纸币，之前的宋、辽、金等政权都曾经做过尝试，但无不以失败告终。元朝能摆脱这样的宿命吗？

宋朝商业的繁盛促生了纸币

　　纸币最早出现在唐朝，名为"飞钱"，但因为使用面窄，没有形成规模，且不去说它。真正令人关注的第一代纸币是"交子"，它出现在北宋时的益州。中国是一个缺少贵金属的国家，以铜为钱。到了唐宋时期，随着经济规模的逐渐庞大，贵金属缺乏的问题日益严重。政府多次颁布禁止民间使用铜器的法令，但收效甚微。

　　为了解决铜钱荒，铸造铁钱就成了折中的办法。宋朝开国之后，依然缺铜，铁钱被沿用下来。尤其是极度缺铜的四川，铁钱成了主要货币。

铁钱的通行，暂时缓解了钱荒，却又带来新的问题。铁钱过于沉重，对贸易造成阻碍。北宋前期，四川民间出现了一种类似唐朝飞钱的纸质"货币"——交子。当时的四川，贸易规模渐大，蜀锦、竹纸、印刷皆甲于天下，而且蜀道之难，也使得铁钱的使用极为不便。《宋朝事实》载："川界用铁钱，小钱每十贯重六十五斤，折大钱一贯重十二斤。"而当时一匹布的价格要两万铁钱，约重130斤。所以，在益州产生交子成为一种必然。

我们现在已经无法确知交子的具体起源，但根据记载，最初应该是由民间商人联合发起。在经历了初期的混乱后，商人们推举益州16家富户共同作保发行，并对交子的样式进行了统一，防伪技术也有了提高。交子兑现时，每贯收取30文作为利钱。当时的交子还只是进行大宗商品交易时的辅助手段，并非普通百姓日常所需。

之后的故事，我们耳熟能详。在一个没有现代金融概念，也没有合理监督的体系里，结局基本都是注定的。16家交子户因此大发利市，却缺少货币发行的准备金概念。随之而来即是挥霍挪用，再随之而来的是挤兑。于是讼于官府，官府遂将之收为官有官营。宋仁宗天圣元年，也就是1023年，朝廷在四川设立益州交子务，民间联合商户就此散伙。

宋朝交子的毁灭之路

官办交子务成立后，朝廷对交子的发行、流通、兑换建立起一套较为完备的制度。当时颁行的"钞法"规定，每界的发行额为1256340缗，本钱为36万缗，准备金率大约为30%。这使得交子成为真正意义上的以铜钱为本位的纸货币，可称为划时代的创举。

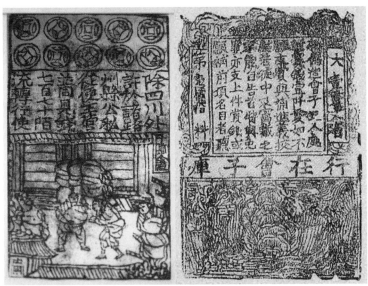

左：北宋交子；右：南宋会子

但是，对于权力毫无制约的朝廷来说，自己的意志即是国家意志，法令很快就成了一纸空文。当第一界官交子发行后，大宋朝廷惊喜地发现，这是缓解财政紧张的"灵丹妙药"。

之后的交子发行逐渐泛滥，仅仅在第二界交子发行之时，印行的交子数额就已经超过了法律规定的限额。再往后，发行数量越来越多，甚至"只是虚行印刷"不备本金了。到了史上著名的道君皇帝徽宗时，大量滥发已经使交子一文不值。

崇宁四年，也就是1105年，跟草纸一般的交子改弦更张，改为"钱引"，重新按旧法印行，恢复限额与准备金，币值再次稳定下来。很快，战争降临。退居东南一隅的宋朝陷入战争的泥淖无法自拔,铜产量也只有一年10万贯,无法满足需求,连铁钱的铸造成本都无法承受,只能通过不断地增加纸币的发行量将危机转嫁到百姓身上。南宋覆亡之前,吏治一片腐朽,贪腐盛行,导致财政危机加剧,朝廷只能变本加厉地通过发行纸币来纾缓一时的困难。

至宁宗庆元元年(1195)发行"东南会子",每界发行3000万贯。其后不断滥发,造成恶性膨胀。帝国还规定不准用金、银、铜钱兑换东南会子,旧会子两贯兑换新会子一贯。这种纯粹的掠夺行为导致会子币值狂跌,物价飞涨。与此同时,钱引也一路狂跌,至1252年,钱引一贯仅值铁钱150文。再往后,米价每石竟然需要5000引,此时宋朝的经济已彻底崩溃。

金国强制使用纸币,违背经济规律引发灾难

金贞元二年(1154),金国海陵王迁都中都,并听从宋朝降臣蔡松年的建议发行纸币交钞,以缓解帝国的危机。但是,金国发行的第一种交钞,浑身就透着高度强制的气息。

贞元二年发行的交钞规定以七年为限,但到了金章宗即位,1189年,七年之限即被取消。在当时的条件下,对纸币的发行进行期限限制,无疑是对纸币发行量进行控制的重要方法之一,而金国取消七年之限,等同于放弃了对旧币的回收,市场上纸币的总量自然随之增大。更可怕的是,金国的钞法并未规定发行额的上限,到后期,纸币的发行量远远超出了社会经济需求的总量。

通胀毫无悬念地开始了。在金国最后的二十年中,军费庞大,纸币的发行就成了政府应付财政困境的唯一手段。当一种纸币失去了信用,朝廷所能做的就只是更换个名字继续发行。读到这里,读者可能有点似曾相识,金国的手段与宋朝一模一样,换个名头

继续印"纸"。

　　纸币的贬值,让百姓不得不加紧收藏铜钱,这更使得交钞进一步贬值。而此时政府的措施却是全面禁止铜钱。贞祐三年(1215)开始,金国政府"罢铜钱",交钞彻底成了"无本之钞"。此时,支撑交钞流通的,不再是代表金属货币的属性,而是政府公权的强制力。这之后,交钞一再改名发行,增大纸币的面值。从面额10贯,到100贯、200贯,甚至1000贯,结果每贯交钞值不到一文钱。到了金末,交钞价值已经跌到"万贯唯易一饼"的境地。终于,商人为了抵制分文不值的交钞,接二连三地罢市。到了这时,金国离灭亡只剩下短短的几年了。

元宝钞发行之初有序,但终致崩溃

　　在如此多的失败案例之后,元朝开始了他们的尝试。而这次更彻底,将纸币定为唯一的法币,在全国范围内推行。这实属首创,也是中国历史上出现的最具现代意义的纸币,但却是个早产儿。其成败细节,至今值得品味。

　　从一开始,元朝就对纸币的发行制定了比较稳妥谨慎的政策。中统元年(1260)七月,忽必烈推出中统元宝钞,以方便流通。宝钞面值从十文开始到两贯,规定金银交易以宝钞代行,并且建立准备金制度,以丝料为本色,"立燕京平准库,以平物价而利钞法"。这标志着元朝纸币制度的基本确立。

　　在中统钞发行之后的20余年中,它的币值基本保持了稳定。元朝政府还在户部之下专设机构,对纸币的印造、发行、回收进行专门管理。与此同时,元朝政府还颁布出台了若干纸钞管理条例,并作为国家的正规法令实施。从某个角度来看,元朝对纸币的管理,在制度和政策上都是非常完备与成熟的。

但是,局部的变革无法抵挡极权体制的碾压。

到了元中后期,所有专制体制的通病都开始暴发,腐败挥霍遍地,灾祸横行,为了维持日益增长的财政开支,税收也随之急剧增加。到元中后期,税额已经比元初增加了20余倍。这使得元朝经济状况开始恶化,民众不满情绪日盛。为了维护政权稳定,军费开支也越涨越高。而贵族官员人数的增加,也让元朝的财政雪上加霜。此时的元朝政府只能通过增加纸币的发行,来解燃眉之急。

这是一个死循环。货币不值钱,民众的不满会更大,为了维持统治,支出增加更加剧了财政的困窘。由于货币贬值,元朝政府不得不调整官员及军队的工资,如至大元年（1308）,用至元钞按中统钞原俸发官俸,即增5倍,全年支出5亿贯,仅此一项,就超出当年岁入的一倍。

本来元朝统治者可以进行经济紧缩,削减政府开支,鼓励民间恢复生产,重建纸币信用。但权力的自负、自私与虚妄不允许正常手段存在,元帝国开始饮鸩止渴。他们一面动用纸币的准备金"救急",一面不断加大纸币发行量。这种试图将财政危机转嫁给民众的做法,反过来把自己推入绝地。

对元朝纸币的最后一击,恰恰应验了刘秉忠当初谶语似的话:"若用钱,四海且将不靖。"通胀加剧,纸币信用扫地,民众转而选择金银,政府数度禁止又数度开禁。到了元顺帝至正十年（1350）,钞价暴跌,政府为使交钞与铜钱子母相权,在发行新的"至正中统交钞"的同时,铸"至正通宝"钱与历朝铜钱并用,以实钞法。钱钞并用的结果,自然是民众放弃纸币的使用,而改用铜钱，这无疑更加剧了纸币的贬值。改钞法实行不久，物价上涨10倍，京师用钞10锭还换不到1斗粟，百姓视钞如同废纸。至此，元朝政府的财政彻底崩溃。

此时，元朝已难以为继，唯灭亡一途。留下一首民谣为之祭奠："堂堂大元，奸佞专权。开河变钞祸根源，惹红巾万千。官法滥，刑法重，黎民怨；人吃人，钞买钞，何曾见？贼做官，官做贼，混愚贤，哀哉可怜！"

纵观宋金元三朝的纸币兴衰，不禁感叹：三个朝代最终陷入灾难之中，都源自统治者无边的权力与私心。当他们的行为违背了经济规律，且没有任何制约时，再精巧的制度律法也抵挡不住专制权力的碾压，任何创新都不堪一击。

"官不修衙"为哪般?

文 吴钩

提起《清明上河图》,人们通常会赞叹其画功精细,画中人数之繁、器物之多、场面之大,为古代绘画作品所罕见。

从这幅画卷上可以看出北宋时市井繁荣、商业昌盛的历史痕迹。

如果你仔细看,还会发现更多内涵。比如画中的房屋,包括酒店、茶坊、旅店、寺院、医馆、民宅,等等,最气派的建筑非"孙羊正店"莫属。

但如果你想在这些建筑中找一栋官衙,肯定得失望了。印象中石狮子挡道、衙役把门的官府衙门在画中踪迹全无。如果非要较真,也只能找到一处政府机关——税务所,但这个税务所看起来也很简朴,跟普通民居差不多,比起临街的酒楼商铺来,实在不起眼。

无独有偶,北宋文人孟元老的《东京梦华录》用非常细腻的笔触描绘了开封城皇宫、御街、酒楼、茶馆、商铺、食肆、大相国寺、瓦舍勾栏的热闹景象。唯独对开封府衙的描述一笔带过:"至浚仪桥之西,即开封府。"府衙在孟元老笔下,淹没在栉比鳞次的商民建筑中,毫不起眼。

为什么从写实主义的《清明上河图》到历史笔记,对开封府

[北宋]张择端《清明上河图》(局部)

衙都鲜有提及？难道古代的官衙毫不起眼，不值一提吗？

这些历史作品反映了这样一个事实：在宋朝的城市里，最富丽堂皇的建筑物不是衙门，而是商用或民用的酒楼饭店、私家园林之类。

如果我们能穿越到宋朝的城市，会发现很难找到一座豪华的衙门，倒是破烂衙门随处可见，有些州县的官衙甚至成了危房。

苏轼问同僚：这房子如何住人？

要说古时候最宏伟的"官衙"，必然是皇宫。但到了宋朝，甚至连皇宫都显得寒酸。汴京的皇宫，远不如汉唐长安宫城之恢宏，也不及后来的明清紫禁城之宽阔。这是因为赵宋皇室对修建皇宫比较克制。

北宋雍熙二年（985），楚王宫失火。次年，宋太宗下决心要扩建皇宫，便叫殿前都指挥使刘延翰等人"经度之"，即编订建设规划、测绘图纸。不久，图纸画了出来，按规划要拆迁不少民居。太宗叫官员去找拆迁征地范围内的居民征询意见，结果"居民多不欲徙"，大部分居民都不给皇帝面子。

宋太宗没有搞强拆的胆魄，只好下诏叫停了扩修宫城的计划。于是北宋皇室居住的宫城，是历代统一王朝中格局最小的，站在开封的酒楼"丰乐楼"上，就可以俯视宫禁。

当然宋朝皇帝这种窘迫也是历史的特例，通常来说，其他朝代任何建筑不许高过皇宫，面积不许大过皇宫。否则就是僭越，就是大不敬之罪。

皇宫不可攀比，地方的官衙却是另一码事。

宋神宗熙宁四年（1071），大文豪苏轼前往杭州上任，担任通判一职,这是相当于副市长的高官。虽然任职人间天堂的杭州,但苏轼应该不会喜欢在这里上班,因为州衙的屋宇"例皆倾斜,日有覆压之惧"。

杭州曾是五代十国时期吴越国的都城,其时"官屋皆珍材巨木,号称雄丽",但入宋之后"百余年间,官司既无力修换,又不忍拆为小屋,风雨腐坏,日就颓毁"。苏轼就这样心情忐忑地在危房之下当了三年杭州通判,直到另迁他州,其间州衙一直未能修缮。

十九年后,即宋哲宗元祐四年(1089),苏轼升官了,这回朝廷让他当杭州知州。苏轼又心情忐忑地回来了,发现杭州官衙在他走时啥样,在他回来时依然啥样。苏轼问同僚:这房子如何住人?同僚们说:每到雨天,我们都不敢在大堂上待着。

这一年,官衙的危房终于出大事了:六月,一处房屋倒塌,压伤了衙门内两名书吏;八月,州衙的鼓角楼也倒了,"压死鼓角匠一家四口,内有孕妇一人"。自此之后,"不惟官吏家属,日负忧恐,至于吏卒往来,无不狼顾"。

官衙危房问题严重影响了官吏们的工作情绪,元祐四年九月,苏轼不得不上奏朝廷,请求拨款修缮衙门:"到任之日,见使宅楼庑,欹仄罅缝,但用小木横斜撑住,每过其下,栗然寒心,未尝敢安步徐行。"

但在宋朝想修官衙可不是件容易的事情。地方官要修建衙门,就必须经中央政府审核、批准。宋真宗大中祥符二年(1009),朝廷已诏令地方"无得擅修廨舍"。因为朝廷没这项预算。苏轼自己也明白:"近年监司急于财用,尤讳修造,自十千(即十贯钱)以上,不许擅支。"

苏轼是聪明人,他想了个好办法,请求朝廷拨给杭州二百道度牒解决经费问题。在宋朝,僧尼出家需要获官方颁发的度牒认证,而度牒是要收费的,官方常常通过出售度牒来弥补财政之不足。经过一番计算,苏轼发现杭州官衙至少有二十七处需要大修,需钱四万余贯,这可不是小数目,约合如今人民币1000万元以上。

要筹集四万贯钱,需要出售二百道度牒。苏轼在奏章中"威胁"说:再不修,日后可就不是四万贯的事了。苏轼还使出大招,向他的高级粉丝皇太后祈求:"伏望圣慈(垂帘听政的高太后),特出宸断,尽赐允从。如蒙朝廷体访得不合如此修完,臣伏欺罔之罪。"但纵然如此,朝廷也没有同意拨款,可能是因为预算数目太大了。

次年,杭州发生水灾,又次生饥荒。苏轼再次向朝廷申请划拨二百道度牒。按照苏轼的打算,这二百道度牒卖成钱,可以购得二万五千石大米,再减价粜米,可得钱一万五千贯,用这笔钱来修缮衙门,虽然无法彻底翻修,不过"修完紧要处,亦粗可足用"。

也亏是天下头号聪明人,才能想出如此两全其美的办法。这一回,朝廷总算同意给度牒,不过不是二百道,而是只有三十道。出售三十道度牒所募集的资金,肯定是不足以修整官衙的。之后杭州官衙怎么整修就未见记载了,估计这点钱只能草草修缮了事。不过,苏轼在元祐五年(1090)主持修建的一处公共工程,则在青史上流芳千古,那就是杭州的"苏堤"。

官不修衙的惯例延续到明清

为什么一处已经成为危房的官衙,让苏轼如此窘迫?他可不可以自作主张挪用公款大兴土木,将官衙修得漂漂亮亮呢?如果他真那么做,等待他的很可能是被弹劾而丢官。

苏轼画像

宋朝之前，地方官还有自主修衙的权力，如唐朝的李听当邠宁节度使时，发现“邠州衙厅，相传不利葺修，以至隳坏”，李听不管三七二十一，“命葺之，卒无变异”。但到了宋朝，如果地方官私自修建官衙，将受到弹劾、处分。

宋真宗景德三年（1006），还是在杭州，知州薛映被人告发“在司擅增修廨宇”。朝廷马上派遣御史调查，一查，果然如此，经大理寺议罪，薛知州被贬为“连州文学”——一个小地方的闲职。宋仁宗嘉祐三年（1058），汝州知州李寿朋在春荒时节“令郡人献材木，修廨宇亭榭，重为劳扰”，也被御史弹劾，受到降职处分。

大宋朝廷对地方官府修衙之事控制很严，慢慢便形成了“官不修衙”的惯例。应该说，这一惯例从宋朝开端，一直延续至后来的明清时期。

明朝万历年间，北京宛平县有个叫沈榜的知县，写了一部《宛署杂记》，据其中描述，宛平县虽然是京畿首县，但县衙却非常简陋，“廨仅一所，与民间比屋，曲直不齐，各佐领衙与市民联墙，声音可通。吏大半无廨地，僦借民居。顾不知创自何时，何所迁就，而因陋就简，粗备如此也”。

宛平县自永乐帝迁都北京至万历年间，已设县接近两百年，这么长的时间，居然一直未能将县衙修建得像样一点。因为实在太粗陋了，跟“天下第一县”的身份极不相称，沈榜只好在万历十八年（1590）重修了衙门的大门，但想扩建，县财政却拿不出一两银子来。

清朝中叶，成都的官署也是年久失修，文官衙署“向皆欹侧欲倾，破烂不堪”；“两县以下之各官署，或荒凉如僧庐，或朽蚀如陋室，虽列省会地面，而萧条僻陋之气，怆然满目”。地方政府一来“无款培修”，二来官员也缺乏修缮的动力，皆因地方官一任三年，谁愿意做这种后人乘凉、自己担坏名声的事?

当然也不能说宋朝之后,所有的官衙都不修缮。修衙之事,还是见诸史志。但总的来说,古代官员对修衙极不热心,即便是非要修衙,也是小心翼翼,如履薄冰,再三强调原来的官衙破败不堪,非修不可,还要申明在修建过程中并无扰民之事。

地方建设预算序列中,修衙永远排在后面

在旧时朝廷的工程立项与预算日程表中,修衙通常被列为"不急之务",远远排在其他公共工程的后面。如宋神宗熙宁八年(1075),宋廷"诏京城内外除修造仓场、库务、店务、课利舍屋外,自宫殿、园苑以至百司廨舍、寺观等,并权停过七年取旨",即暂停京城一切官廨的修建,七年后再说。因为政府要优先建设仓场(贮存粮食的仓库)、库务(国库)、店务(公租房)、课利舍屋(税所)等公共项目。

民国时汇编的《明代建筑大事年表》中统计出,明朝开国之后,洪武朝凡31年,各地兴建和重修学校674所,而同一时期才修衙26所;到了宣德朝,官衙才大规模兴建,但也只是修了55所,而同期各地兴建或重修学校则有159所。

清朝甚至规定,地方官想修建衙署,一概由官员自掏腰包,从他们的养廉银中分期扣款,这种情况下,哪个官员愿意去修官衙?

因此,如果官衙已经非修不可,要筹集所需资金,只能八仙过海各显神通了。有的地方官将自己的俸禄或财产拿出来,或者接受民间富民、士绅的个人捐助。苏轼修衙,除从僧人度牒中想办法,还捐出自己的公使钱五百贯。公使钱是宋朝财政拨给地方长

官的特别经费,由地方长官自主支配,主要用于公务接待。

为什么古代王朝要严格限制修缮官衙呢?

首先,中国古代传统社会的政府一直是"小政府",财政规模非常有限,通常不设专门的修衙经费。

其次,旧时修衙招募或征调民力,难免要劳民伤财。宋朝以降,这种公共工程所需的民工都要雇佣。官府资金紧张,很多时候会无钱支付,因拖欠工程款而闹点大事出来,可不是官员们愿意看到的结果。

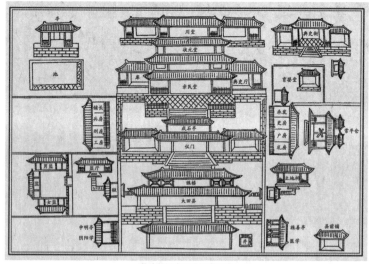

乾隆年间大田县衙平面图

古代地方官在忙些啥？

文 杨津涛

灵隐寺在北宋时已是杭州一处名胜，寺里有个和尚叫了然，这厮不好好念经，却迷上了青楼女子李秀奴，渐渐败光了家当。李秀奴看了然没钱了，就要和他断绝来往。一日，酒肉和尚了然喝醉后去找情人，却被拒之门外。了然一怒之下撞进门去，打死李秀奴，被逮到了杭州官府。

审理此案的是一名叫苏轼的杭州通判，苏通判一面找仵作验尸，判定凶器，一面审讯了然。当他看到和尚手臂上刺着"但愿生同极乐国，免教今世苦相思"两行字时，灵光一闪，立马提笔写下判词："这个秃驴，修行忒煞，云山顶上空持戒，一从迷恋玉楼人，鹑衣百结浑无奈。毒手伤人，花容粉碎，空空色色今何在？臂间刺道相思苦，这回还了相思债。"最后判处了然死刑。

如此这般，苏轼这位古往今来的顶级文豪，干了一件古代地方官最常见的工作——审理案件。其实对于古代地方官而言，审案是日常头号工作。

地方官的工作很多，最主要的是四项——征税、教化、治安以及上面提到的审案。朝廷对地方官员的考评，基本围绕这四项工作进行。

太守、县令也是法官

在古时候县衙大门右侧，通常有一个大鼓，叫作鸣冤鼓。这面大鼓轻易敲不得，非有命案或大冤情不可。一旦有谁敲起了鸣冤鼓，无论县太爷在干什么，只要不是病得爬不起来，都得迅速披挂整齐升堂审理。

法官是古代地方官最主要的角色。清朝湖南宁远知县汪辉祖统计过，他在十天之中，要用七天来审案，用两天催征税粮，用一天处理公文。甚至有的知县一年审理两千余起案子，平均一天五起有余。

苏轼勤政且懂法，常亲自审案，不过他办公不在府衙内，而是常带一两个老兵做护卫，让书吏背着公文、卷宗，坐着小船游览西湖。他们先到普安院吃个饭，再到灵隐寺散散步。等苏大人心情舒展得差不多了，就在飞来峰上的冷泉亭开始办理公务。只见他落笔如飞，根据案情写下文采熠熠的判词，谈笑间就把各种事情处理了。

苏轼是古往今来数得着的聪明人，不可能每个官员审案都如他那样游刃有余。法律知识不在科举考查范围内，许多读圣贤书出身的地方官或许连刑事案件与民事案件都分不清，只能把这项工作扔给手下师爷或狱吏。因此，师爷和狱吏就有了徇私舞弊之隙。在他们的笔下，判词中甚至"一点"之差就能决定一条人命。

明朝时枞阳县有过这样一个案子，一伙大盗劫掠乡间，被乡民逮住送到官衙。大盗家属用赃款贿赂师爷和狱吏，于是在判词上就出现了"一点"之差。狱吏将"由大门而入"的"大"字加了一点改成"犬"，变成"由犬门而入"。别小看这"一点"之差，大盗立马从明火执仗的抢劫犯变成了鸡鸣狗盗之徒，由是大盗得以逃过斩决。

前面说的了然和尚，如果没有为女人耗尽家财，还能拿出钱打点衙门上下的话，也没准儿可以捡回一条命。依据刑律，犯人有自首或"非故杀"案情，是能减刑的。一些狱吏收了贿赂后就为案犯编造自首经过。同样，要是犯人吝啬，不肯拿钱，那么即使真的自首了，也可能会被狱吏隐瞒下来。

朝廷也会考虑到冤狱问题，从明朝开始便有了巡按御史，具有巡回法官职能，巡视各地有无冤狱、官员判案是否合格。这便是戏文中大名鼎鼎的"八府巡按"的原型。

征收粮税——县太爷的经费来源

每年农历十月初一，各地仓廪开门，管理仓库的官吏献上祭品，祈求今年的征粮任务顺利完成。县太爷大手一挥，地方官员一项重要的工作就开始了。这事一直要忙到年底，完不成定额，县太爷必然遭受批评。

通常一个官员上任后，首先要去衙门府库核对账目，当地的税簿上写着户口、田地数量，每年各家要缴纳的税收额度。税吏下乡，鸡飞狗跳的情形是有的，但更多时候收税也是平常事。数目每年大致差不多，乡下也有乡绅、乡约长主持工作，他们负责向乡民征收，然后再与税吏对接。

征粮工作不仅事关地方官的考评，还和他的收入有关。除了正税，还有"加耗"，在税收中增收一些运输损耗是合法的，但地方官吏时常不顾朝廷规定的"加耗"标准，随意加收。

依照宋朝法律，百姓纳米一石本来只需加一斗，却被要求加两斗。加耗名目繁多，有所谓"明会耗""州用耗""土米耗"等，百姓实际缴纳的税款有时比正常额度多一倍。征粮用规定容积的"斛"（北宋一斛为一石）为容器，实际操作中，百姓将粮食倒进斛里时，收税官员会不断摇晃斛，以使斛内能装进最多的粮食。有的地方，官员甚至采用大斛征粮。"加耗"某种程度就是地方的税收截留，用作地方衙门的办公经费，再有富余自然进了地方官的腰包。

苏轼第二度到杭州时是当知州，却赶上大旱，暴发了饥荒和瘟疫。他发现原先的地方官为了政绩，不仅隐瞒灾情，还想收缴更多的粮食。苏轼一怒之下，洋洋洒洒地写下一封奏章，告了这些不知体恤百姓的官员一状。他同时请朝廷赦免了杭州当年三分之一的税收。苏轼还动用府库中的储备粮，平抑粮价。

征税有大学问。官员贪污时会通过"簿书脱误""簿书欺弊"等手段，帮人逃税或侵吞税款。大丰收时节，官员们就谎报灾情，将一部分税收截留下来，中饱私囊。到了年底，粮食都收上来了，在仓库里堆成粮垛，这时还要经过胥吏一层盘剥。胥吏们使尽全身力气飞起一脚，扎扎实实正中粮垛，堆满了的粮垛会哗啦哗啦震落不少粮米，这些粮食便成为了胥吏们这一年征税工作的奖金。

教化百姓责无旁贷

唐宪宗元和十四年（819），春寒料峭，一个文质彬彬的半百老人行走在穿越南岭险隘的官道上，一个月前他因为一篇《论佛骨表》的奏表得罪了皇帝，唐宪宗震怒之下把他贬到了岭南的潮州。他就是韩愈，中国古往今来文章写得最好的人之一。

韩愈被贬为潮州刺史。作为贬官，他在潮州不过八个月，却在此地留下极其深刻的烙印。

韩愈画像

以韩愈之大名，他的文章随着其被贬的消息，早已被潮州人传诵。来到潮州不久，韩愈就写了《潮州请置乡校牒》，对于当时还属于边远不毛之地的潮州，这算经天纬地之功。具体工作上，韩愈做了两件事：一方面举荐地方大儒赵德主持州学；另一方面花大力气兴办乡校，办学缺资金，韩愈甚至"出己俸百千以为举本，收其赢余，以给学生厨馔"。

两百多年后，追随先贤脚步被贬惠州的苏轼承认，是韩愈在潮州开启了当地儒学兴盛的大门。韩愈在地方的所作所为，时至今日仍被人们广为传颂。实际上他做的是分内事——推行道德教化，这是每一个地方官不可或缺的工作。教化地方的一项重要指标就是办学。自韩愈以降，潮州历任地方官都会兴办学堂，宋朝有40余名知州主持过州学或学宫建设。

除了直接介入教育，地方官员另外一个重要的举措就是树立榜样。首先是对贞节烈妇、孝子贤孙、仁人义士进行表彰，政府给予荣誉和奖励；还有就是给死去的忠孝人士修墓、立祠，让老百姓能见贤思齐。地方官很多时候还亲自上阵，写文章劝谕百姓，宋朝大书法家蔡襄的《福州五戒文》，就是此类文章的代表。

维稳一直是地方官员头疼的问题

自古以来，江西南部以赣州为中心的赣、粤、湘、闽四省交界山区，都是让朝廷极其头疼的地区。这里山高皇帝远，民风剽悍，百姓时常聚而为匪劫掠地方。明朝正德年间，此地再度发生山民暴乱，地方一片混乱。

朝廷里的大佬们盘算了一下，一致认为，只有王阳明才能摆平赣南之乱。于是，朝廷一道旨意下来，迁王阳明为都察院左佥都御史,巡抚南赣、汀漳等处,命他处理棘手的地方治安问题。

王阳明的官职上马可掌军,下马要管民。这位天下闻名的大儒来到赣南,重锤迭出:一为进剿,集合四省兵力,分路进剿盗寇;二为整肃,官府民间多有与盗寇勾结之人,重则法办,轻则规劝震慑,斩断盗寇的地方联系;三为安抚,颁发十牌法,以十户持一牌,互相监督,连坐互保;四为教化,推行《赣南乡约》,兴办书院,推广"心学"。

困扰朝廷十几年的赣南地方治安问题,被王阳明用一年时间轻松解决。在平定赣南一年之后,王阳明又完成了一件惊天大事,他仅以一省之力旬日便扑灭了宁王的叛乱,凭此大功被朝廷封为新建伯。以文臣封爵,王阳明达到了别人难以企及的高峰。

王阳明的事迹是古代地方官一项重要职责的缩影——绥靖地方。自宋以降,历朝均以文御武,地方巡抚、知府、知县便负起了地方维稳的重任。他们必须剿灭盗寇,保境安民。

但王阳明这样文武双全的顶级牛人,古往今来也难找出第二个。更多的文官于维稳职责实在难以胜任,甚至常有性命之忧。如崇祯六年(1633),流寇入郧阳,几天工夫,破三县,杀两个知县。明清两朝,在地方维稳工作中丢了性命的官员数不胜数。

古代官员维稳压力很大,但作为父母官不就是要保一方百姓平安吗?千百年来老百姓纳税,买的就是政府这点公共服务。

清朝京官的收与支

⊗文李夏恩

　　一名清朝的下级京官，如果只靠朝廷的俸禄，很可能陷入连饭都吃不饱的窘况。但一个看不见摸不着的隐财政体系，维持了官员们体面甚至奢靡的生活。

　　租房子20两银子，吃喝拉撒至少30两银子，烧炭买柴、雇佣车马仆人一年又是40余两，总共将近100两银子。这是晚清时候，一个普通京官每年维持生活的最低限度开支。但在账面上，一个六品京官一年的俸禄到手只有32两银子。

　　那些米铺、布店、炭厂、车马店的掌柜可不会管你是不是官，到了年关时分，掌柜、伙计就会拿着账单，上门催账。他们会笑呵呵地把账单递给官员们："大人您行个方便。"如果"客官"掏不出银子，这些势利商人会立马换一副轻蔑的嘴脸。

　　如果只靠朝廷的俸禄，京官们必须面对这样颜面尽失的窘况——交不起账单，肯定会遭受商人们的侮辱。

　　但作为这个国家实际的管理者，京官获得收入的途径绝不仅仅是朝廷俸禄。他们首先会得到一笔数目不等的"养廉银"；然后会收到地方官送来的"冰敬""炭敬"；各部里小金库会给每个官员一笔"印结银"。

　　这些林林总总的收入，会根据官阶高低、衙门不同，落到每人手中，从数百两到上万两银子不等，基本上可以让各级官员过得起一日三餐可口、仆人车马齐全、迎来送往频繁、父母家人舒心的生活。到了年关，绝大多数上门要账的掌柜都会满意而归。

但是，那些俸禄之外的额外收入从何而来？地方官怎么会有孝敬京官的银钱？各部如何建立起给官员发奖金的小金库？

京官的穷日子和阔日子

何刚德，福建闽县人，自幼向学，光绪二年（1876），年方二十，便中了本省乡试举人，凑了些盘费衣服，上京会试。可能是何家祖坟冒青烟，第一次参加会试何刚德便中了进士，殿试三甲，奉旨以部属掣签，分在吏部考功司行走。

新科进士，又分在吏部，按说何刚德可是春风得意，但到了年底，家里的生计却让他发起愁来。

这一年，何刚德初到吏部，例应学习。"学习"即今日之"实习"，部中最苦最累之活计，均交由这些官资尚浅之小辈。每至当月值宿，何刚德便要在署留宿，不特值宿之"当月处""屋极湫隘"，至夜更"阖署阒无一人"。晚餐菜只一碗两碟，次日早晨又有一餐，日子清苦得很。

苦累不说，薪俸还少得可怜。何刚德以进士分发吏部，是六品衔，一年春秋两季京官年薪是60两银子，却按六折发给，七除八扣，到手只有32两。现银之外另有米30石，但六品仅发老米，五品才给白米，老米多不能食，只得折给米店，"两期仅能得好米数石"。

但何刚德这一年的开销高达343.9两，已是何刚德所得年俸的10倍有余，这还没算上那件昂贵的官服。

在何刚德看来，自己的状况已经是相当不错了，"境虽清苦，而心实太平""安分从公，并未尝呼枵腹也"，比起那些翰林，总还好过很多。

与何刚德同年考上进士担任内阁中书的李锡彬，是一名真正的穷京官，内阁中书收入微薄，因此李锡彬全家四口每天只吃两餐，煤炭柴薪都买不起，是真正的"不能举火"。他每天早上用一钱购买开水，供全家洗漱用，每日饭费则控制在京钱一千，也就是六分银子，只能买四斤馒头，就着葱酱咸菜度日。

"穷京官"已然是老生常谈，一如晚清《京官曲》所唱的那样："淡饭儿才一饱，破被儿将一觉，奈有个枕边人却把家常道。道只道，非唠叨，你清俸无多用度饶，房主的租银促早，家人的工钱怪少，这一只空锅儿等米淘，那一座冷炉儿待炭烧，且莫管小儿索食傍门号，眼看这哑巴牲口无麸草，况明朝几家分子，典当没分毫。"

就在何刚德刚刚踏入京官生涯，加入到京官叫穷行列之中时，另一名京官李慈铭也在日记中大声叫穷："余能忍寂寞、忍寒冻以读书，而不能忍饥饿。""比日穷乏，告贷路绝。"简直就是快饿死的状态。

如果仅从这两句话，便下定论说李慈铭也是"穷京官"中的一员，那恐怕会被他欺骗。告贷典当固然有之，但加在一起不过71.2两，并非难以接受，倒是他这一年丰富多彩的京官生活，足以让人大开眼界。

这一年，李慈铭雇了十名仆人、两个车夫，还有三名更夫和一个厨子，加在一起花了24.7两。

为了讨小妾的喜欢，他又买了"绵缎褂一领湖绸袷衣里外裁、金银罗天青缎鼹鼠褂"，一共是15.2两，他自己则添置了一件猞猁狐褂，花了20两。

李慈铭有藏书癖，文墨之事也自然少不了，书籍笔墨加在一起花了64.2两。

但这并非是开销最大的一头。李慈铭本人在日记中抱怨"饥饿"，但用以填补饥饿的却是珍馐美酒。霞芬楼应当是李慈铭最爱的馆子，这一年李慈铭在霞芬楼就花了45.8两银子。此外在秋菱楼又花了30两，加上丰楼、宴宾斋、福兴居和大宁寺，李慈铭这一年上馆子就开销了147.4两。如果将其他杂项加在一起，那么李慈铭一年的开支高达607.4两。

这不是一笔小数目。当时北京一个普通五口之家的年花销是50两，那么李慈铭这一年的消费足够养活12个五口之家。所谓的"穷"，不过是因为与那些一掷千金的高官相比，自己实在是显得太过清贫了。

过着阔日子还叫穷的李慈铭，却任由弟弟在家乡饿死才假惺惺地说道："通计出门七年以来，寄弟者不过十金耳。"同时他自己也承认这一年"酒食声色之费亦不下百金"，确切的数字如上所计，乃是147.4两。即使如此，他在开始还不忘强调一遍"余虽穷"。

京官的陋规收入

李慈铭当时只是个五品衔的户部郎中，而且是学习行走，加之他是纳捐入官，即所谓"万年候补"，故而连俸银和禄米也没有，这一年只有象征性的"养廉银"18.6两。

实际上，李慈铭这一年的收入总数折银却高达766.9两，他的正式官俸只占其中的2.42%,而剩余的占总数的97.58%的收入,也就是约相当于他俸银40倍的748.3两,恐怕是最令人感兴趣的部分。究竟是什么收入,会比他的"合法收入"还要高出这么多呢?

翻看李慈铭的账簿,会发现每年都有一笔进项,这笔少则40余两,多则400余两的额外收入,被称为"印结银"。光绪三年(1877),李慈铭收到印结银162.19两,大致是他年收入的五分之一。而这一年新进仕途的何刚德,按照他自己的说法,"俸之外则有印结银,福建年二百金左右"。

所谓"印结",其实是清朝的一种行政文书,即钤有官印的证明某人身份的保证书,主要防止有人冒名顶替。

晚清因太平天国战乱及各省灾荒,加之对外赔款,国用支绌,于是大开捐官之门,以广收入。为防止假冒顶替,捐官需要在京的同乡为官者出具印结,这可是要担风险的,一旦发现捐官者的身份有假,出结官也会被问罪。

于是,捐官者自然免不了对出结官馈赠一二,久而久之,馈赠成了规矩,甚至有了固定数额。为了使这笔馈赠能够让同乡的官员利益均沾,同乡京官便成立了"印结局",由进士出身的京官主持,凡需要印结的,都直接去印结局纳了"印结银"后取印结即可,而官方也只认可印结局开出的印结。

一名捐官者,要得到印结,得掏不少银子,就拿一名叫李圭的江苏捐官者来说,他是监生出身的一名州同知,得了浙江候补知州的肥差。按照他的日记记述,捐官的费用是1096两,但缴纳的印结银加在一起却高达数百两。

这些印结银除了出结官本人抽取十分之一以外,其他全部都归入印结局，再公分给同乡官员。尽管平均到每个官员头上每月也就只有数两到十余两不等，但对那些初入京门、无权无势的小京官来说，可谓大旱之望云霓。

据前文的京官李锡彬说，"印结费一项，作一月伙食费足矣"，这是真正的救命钱。而另外一名叫姚学塽的官员不受印结银，那就只能委屈他住在破庙里吃糠咽菜当清官了。

然而，只靠印结银一项维持京官的体面生活，仍然不够。何刚德在这一年，还有一项收入，虽然不多，"每年所入不过百金，然亦不无小补"。这就是来京地方官的馈赠。

按照何刚德的说法，"外官馈送京官，夏则有冰敬，冬则有炭敬，出京则有别敬。同年同乡于别敬之外，则有团拜项，谓每岁同年同乡有一次团拜也"。所谓"冰敬"，就相当于消暑费，"炭敬"则可以认为是取暖费。

当年曾国藩初做京官，无钱过年时，就盼望年底能有一笔外官的炭敬以解孔亟，甚至钱还没到就先把话散出去，但最后还是空等一场，只得借钱过年。到了何刚德的时代，送炭敬则很有些看人下菜碟儿的味道，"渐重官阶而轻交情"，专重权贵，致送炭敬，单子上倒是儒雅得很，从来不言数目，而是套用诗词章句，40两叫"四十贤人"，300两则曰"毛诗一部"，甚至还有"千佛名经"。

至于别敬，倒是"同乡同年，及服官省分之京官，多有遍送"，虽然其数不过10两上下，也聊胜于无。但何刚德到京后，虽外官所费已然不赀，因为京官日渐加多，所以最后甚至降到6两。但是杂七杂八凑起来，也能有一二百两。

至于像李慈铭这样已经享有文名的官员，所得更多，光绪三年（1877），他得到的馈赠高达316两，足够让他再多给小妾添几件首饰衣裳，再多下几次馆子了。

　　如果仔细分析这些额外收入，会发现无论印结银还是地方官的馈赠，都不能简单地归入"贿赂"一栏，因为它已经成为一种规则。你可以称之为陋规，或者按时下的称呼称为"潜规则"或"灰色收入"。这些"灰色收入"是成体系的，在清朝存在着一个看不见摸不着的隐财政体系，维持着官员们体面的生活。

李慈铭与《越缦堂日记》

一个清知府的秘密账本

⊗李夏恩

　　1894年，时值甲午，中日开战在即，但对何刚德来说，这场战事和他没半毛钱关系。他这一年真正关心的重点，乃是各省乡试。每逢乡试，只要进士出身的京官都会有三次外放机会，最优者为学差，也就是派到各省去当学政，"学差三年满，大省分可余三四万金，小亦不过万余金而已"。

　　但学差是穷翰林为数不多的肥差专利，像何刚德这样进士出身的吏部员外郎，能有机会一搏的，就只有考差和房差。考差也就是充当乡试主考，"一次可得数千金，最苦如广西，只有九百金"，而房差则是充当乡试的房师，每次可以有三百金的进项。

　　从一年前开始，何刚德就在为考差上下钻营，但最终使他获得外放机会的，却是甲午年的京察。1895年4月，何刚德因甲午京察一等被光绪帝接见，奉旨补授江西建昌府知府，这可能是何刚德自考中进士之后最得意的一天，此时距离《马关条约》的签订还不到一个星期。

　　在京城混了快20年的何刚德终于得到了外放的肥差，很快他将投身于这个帝国的隐财政体系之中。但他终归要发现一个事实，知府并不肥，这种在隐财政体系中处于中等位置的官员，不过是过手财神而已。

知府只是过手财神

何刚德抵任江西建昌知府时，发现自己简直处于另一个世界里，尤其是他的"账本"将会发生巨大变化。

首先，他必须接受一个新的幕僚，那就是账房师爷。他的作用只有一个，就是负责记录秘密致送上级长官的礼金各是多少，这本账也被称为"内账"。

如果说京官的账本关系到他个人的生活水准，那么地方官的账本则与他的仕途紧密相关。《官场现形记》里的一个故事能够充分说明这本秘密账本的重要性：一个叫瞿耐庵的候补官员百计营求终于补得了湖北兴国州知州的实缺，走马上任，但他上任交接时因不懂规矩得罪了前任账房师爷，师爷为了报复假造了一本秘密账簿，瞿耐庵按假账本去孝敬上官，结果可想而知，不到一年便被参劾革职。

像何刚德这样的五品知府没资格进京送礼，那是布政使以上官员才有的资格。所以，他需要打点本省巡抚、布政使、按察使，还有总辖苏、赣、徽三省的两江总督。

道光、咸丰年间的两名地方官段光清和张集馨的自撰年谱中，有多条关于礼金的记述，再加上一些奏议，我们大致可以估算出何刚德的见面礼数额。江西建昌算是比较富庶的府，那么至少要送两江总督600两，送巡抚500两，送布政使400两，送按察使350两，这些加在一起，一次就要1850两。

每次拜见上官也要程仪，累计起来，数额也不算小，何刚德主要拜见的上官只有巡抚、布政使和按察使，一年拜见一次，大致需要600两。节礼和贺礼即所谓"三节两寿"的礼金，巡抚每节至少600两，过寿400两；布政使和按察使则每节300两，过寿200两，各色表礼、水礼、过路程仪及贿赂上司门丁的门包等尚不包含在内。同时,像道台、驻防八旗将军等等,也需要不时送礼。以上种种礼金,加在一起姑且算8000两,那么这一年光是送礼,何刚德就需要花出将近1万两,这还是以最少的数额计算得出的结果。

何刚德作为知府,正俸有白银80两和大米40石,每石大米如果折银一两,那么加在一起就是120两,额外的官方收入还有政府提供的养廉银1400两,加在一起是1520两,即使何刚德不吃不喝,他的薪俸收入也只有礼金数额的六分之一。

好在何刚德是一个知府,他可以收受下属的见面礼和"三节两寿"的贺礼。建昌府下辖五县,知府的见面礼每县要出200两,总共是1000两,三节两寿每次是120两,加在一起是3000两,这一年,何刚德的额外收入有4000两,如果下面的县官对自己的顶头上司送得多的话,可能总数会达到6000两。

何知府一算账,收礼加俸禄才7520两,还是不够啊!那么是否还有其他的财源?答案是:有。

根据记载,在何刚德主政的江西建昌府毗邻的几个府,在收地税时,每亩地多收3分银子作为额外收入。根据光绪五年(1879)的《建昌府志》所载,建昌府共有成熟土地17035顷又27.23亩,如果每亩地多收3分银子,那么这一项就可以进项约51105.82两。但这显然要冒很大风险,因为建昌府征收的正税总数,只有88341.647两,如果强行摊派的话,额外征收的银两约相当于正赋的五分之三,很容易激起民变。江西从1880年到1910年的30年间,发生的民变次数超过110次,绝大多数都是因为捐税超出了农民承受能力。

在民变和上供的钢丝上游走,使何刚德这样的地方官如履薄冰,加派捐税需要冒大风险,但还有一大笔孝敬钱没着落。

何知府只得使出最后的招数,就是挪用库银和向银号、商铺借贷。

道光二十五年(1845),陕西粮道张集馨致送礼金的花销,来源就是借贷,之后再用库银和陋规来还贷。库银成了地方官的救命稻草,像何刚德所在的建昌府,每年征收的各种捐税加在一起,一共有145194.12两,这些银钱会留下一部分作为供地方官挪用的金库。

但这又造成了亏空。晚清各地方亏空乃是常态,如果地方官运气好,在离任前做好账簿,便可将亏空漏洞转嫁给下一任。但很多时候,这种金蝉脱壳之计未必成功,朝廷常会层层追缴地方官的亏空,甚至查抄官员家产抵债。

张集馨就曾经奉命查抄过一个"亏短仓库四万有奇"的官员之家,其状惨不忍睹:"余到宁远,见其门户萧条,孤寡号泣,实惨于心。所抄衣物,半属破烂,估值无几。"在安徽,一些州县地方官为填补亏空,甚至以"陈设器玩以及衣物"充抵亏空。放眼整个帝国,几乎无地不亏空,而这些地方的中低级地方官,也几乎无一不赔垫亏空。

真正理想中的"三年清知府,十万雪花银",只有少数善于理财的官员才能做到,大多数地方官不过是过手财神,他们绞尽脑汁,汲汲营营拼了命地捞钱以筑起隐财政体系的地基,整个国家的财富通过这套体系向京城汇集。

隐财政体系是一台严丝合缝的机器

《亚财政》的作者洪振快向我们描述了这样一个看不见的

财政体系,它由国家税收以外的收费所得,以"陋规"的形式在官僚系统中运转。有时候它是官员往来的"节礼银""漕规礼银""关规礼银""盐规银""钱粮平头银"等,有时是证明官员身份的"印结银",有时候是地方官审计报销需要送给户部的"部费"。

举个漕规礼银的例子,就是漕运的"外费银",比如湖南醴陵,法定一石漕米收800文,嘉庆二十五年(1820),一个王知县上来就收4400文,而当时的米很便宜,一石只值1200文。

为什么要收那么多?因为瓜分的人多。给上司的叫"漕馆",给漕粮运丁的叫"水脚",给州县的叫"漕余",最后还有一笔要给地方素质差的读书人的叫"漕口"。

除此之外,有向茶商征收的"茶规",收香客的"香规",收鸦片贩子的"土规",甚至还有对械斗双方收的"斗费"。

"我们可以发现陋规已经渗透到帝国的每一个角落、生活的每一个细节,只要有公共事务,只要你需要和官方打交道,你就无法摆脱陋规的困扰。"洪振快如是说。

那些从未涉足地方治理的官员,很愿意相信地方官在层层盘剥百姓,自己留下大头,然后将余润作为贿赂,以得到上官对自己贪赃苛敛的默许。他们认为正是这些人破坏了财政制度,并且败坏了整个国家的道德。

这套逻辑自然看起来言之成理,但地方官肯定表示反对。有的人一旦进入了隐财政体系,就必须顺从其运转,如醴陵的王知县,他收了4400文约3.6两的"外费银",引起了当地民众激烈反抗,从而导致28名反抗的民众丧命。

但王知县实在没办法,只是水脚、漕余、漕口三项已经把外费银瓜分完毕了，本该有他一份的漕余还没着落。王知县当了一回贪官酷吏，其实只是为他人作嫁衣。

类似何知府、王知县这样的外官，实际上从一上任开始就背负了极大的经济压力。他们为了结交京官，只能想方设法在辖地寻找财源，于是，供给国库的地方库银就成了一个比较安全的挪用对象，这就毫无疑问会导致各省亏空。

各省的亏空又给国家财政造成巨大漏洞。而这些流出的银两，实际上又作为非正式的津贴和福利落入官员的腰包。而国家为了填补更大的财政漏洞，只能扩大捐官规模，甚至冒险苛征捐税。这最终形成了一个巨大的恶性循环。

国家、官员、民众都是这个恶性循环中的牺牲品，但既然已经相沿日久，所以习焉不察，人们只能透过于贪官污吏的横行，却无法意识到真正的问题乃是整套体制的荒谬。

有人已经意识到这种荒谬，但遗憾的是，发现这种荒谬的，乃是一个名叫宗方小太郎的日本人。他向明治天皇呈上了在华多年考察的报告《中国大势之倾向》。在报告中，宗方小太郎认为中国全民腐败："盖国家者，人民之集合体也。换言之，即人民则为组织一国之必要分子也。若分子腐败，欲国家独强，其可得乎？故中国之腐败，即此必须之分子之腐败也。……上至庙堂大臣，下至地方小吏，皆以利己营私为事，朝野滔滔，相习成风，其势不知所底。"宗方小太郎更预言这样一个全民腐败的帝国"早则十年，迟则三十年，必将支离破碎呈现一大变化"。

就在宗方小太郎提交这一报告时，何刚德正在为寻求外放地方肥差而积极备考。这一年是1894年，岁在甲午。

[清]郎世宁《雍正祭先农坛图》(局部)

清朝县太爷的临时工

🖋 王戡

　　假如你穿越回清朝，幸而成为一名学子，历经县试、府试、院试、乡试、会试、殿试，过五关斩六将，终于鱼跃龙门、金榜题名，就算没有跻身前列点为翰林，也是名列三甲，赐同进士出身，三甲进士也多半外放知县，加上省籍回避和"冲繁疲难"的考量，你多数会被外放到一无所知、无亲无故的某省某县。

　　在那穷乡僻壤里，有人脉盘根错节、个个堪称地头蛇的书吏和衙役，还有你从未经手过的钱粮、诉讼、仪礼、治安等大小政事，只凭区区一人，该如何应对？

　　这个时候，你需要请临时工，不是一个两个，而是一整套临时工班子，带去那遥远的某省某县，随你一同开始官宦生涯。

雇用临时工，成了县太爷的不二选择

　　秦汉以来，帝王与中央政府之间形成了"宫中府中"的二元政治体系，最基层的县级政权也照此设置机构。六房书吏、四班衙役就是县衙的六部尚书、五军都督。有了"外廷"，县太爷本人自然也需要一班"宫中"人马差使伺候。

　　朝廷的"宫中人"由内务府度支，不用户部花钱。在县里，这些人就需要县太爷自掏腰包雇用。

有清一朝,县衙的书吏、衙役都是本地人充任甚至世袭,不但收入微薄且无晋升通道,因此,他们凭借固有的宗族、婚姻关系加上地方上人情往来,在公务中徇私舞弊、贪污索贿在所难免,糊弄不谙事务的上级官员更是司空见惯。

士子出身的知县大人如果仅仅依靠他们办事,必然陷入五迷三道、不知所以的境况,一旦出现问题,难免波及自身,轻则丢官去职,重则下狱掉脑袋。

于是,雇用一些临时工带到县府,替自己监视胥吏、办理杂务,确保大小事务不生差错,成了每一个县太爷的不二选择。

这些临时工被称为"长随"。长随原是明朝从六品的宦官职务名称,在清朝含义有变,但职能上仍有相似之处。

长随虽然受雇于人,但并不是县太爷家中的奴仆,只是在官场中临时受雇的仆人,所谓"长随非在官之人,而所司皆在官之事"。在县衙之中甚至一县之内,到处都有需要长随的地方。

"门丁"是长随中最重要的一种。看官可能觉得,不就是一看大门的,用衙役即可,何必自己掏钱雇人?

如果这样想便大错特错了,门丁不是看门大爷,而是直接对县太爷负责的前台和督察,凡县衙人员出入、公文往来,都要经过他来办理;百姓前来求见,需要他查问通报;士绅前来拜访,也要他执帖传话。

收取公文的是门丁,把县太爷的批示发给书吏、衙役并监督执行的也是门丁。如果门丁不是自己人,县太爷连往来公文都把握不了,还怎么抚民治事?有些知县上任时,把在自己家中服务多年的仆人带来做门丁,图的就是一个放心。

除此之外,县太爷还得带上随身小秘书"签押",掌管公文签批收转、登记往来文件、核验内容正误。

负责官印保管的叫"用印",以压名、骑缝等方式,避免书吏对签发的公文涂改作伪。

法庭助手名"值堂",替县太爷做好审判准备、处理审讯细务。

税务助理唤作"钱粮",监督赋税征收、上缴的各个环节,以免胥吏横生事端。"司仓""管监""管号"则分别是县太爷在县仓、监狱、驿站的常驻代表,替老爷监督小吏办事,确保一切情况尽在掌握。

长随是县太爷的耳目和爪牙,不仅替老爷监督县衙内外的一应事务,甚至还会延伸到省里。

清朝许多知县都在巡抚和总督的驻地派有长随,称为"坐省家人",他们打探消息、联络事宜。从中央到省府都曾一再要求各县不得派长随驻省,可根本管不住。

长随也是临时工

长随既是流水的官与铁打的吏几千年斗争的产物,更是中国古代官僚体系发展的必然结果。

长随不可或缺,却为社会所鄙夷,被视为与仆役皂隶同列的贱民,不仅本人没有资格做官,子孙三代之内也不许参加科举。清朝各级政府对基层官员雇用长随没有限制,唯一的要求便是及时上报长随的身份、籍贯,用以造册登记,不使逾矩的情况发生。

于是,常有长随不向主子汇报真实姓名的情况,清朝官员汪辉祖便说"长随与契买家奴不同,忽去忽来,事无常主",甚至"里居、姓氏俱不可凭,忠诚足信,百无一二"。

纪晓岚曾为此提供了一个实例,说他父亲见过一人,在陈家做长随时自称山东朱文,在梁家做长随时自称河南李定,尤其惊人的是,此人死后留有小册子一本,以蝇头小字详细记下所服侍的17名官员任上的各种往来,以备挟制上官。

长随的身份没有前途,"钱途"便成为他们的重要人生目标。一般来说,县太爷雇一名长随,一年不过花费数两银子,但长随在其差使之内却可以上下其手,牟取私利。

仅诉讼一事,长随便可在呈递诉状,传唤被告、证人到堂,撤诉甘结,监狱探视等环节收取陋规钱,甚至代写诉状的状师也要向长随行贿。这便形成了一个怪圈,被雇来监督并防止他人贪污索贿的长随,自己一样贪污索贿。纪晓岚曾说长随祭祀的神仙为"钟三郎",就是中山狼的谐音。

不过,长随毕竟是外来人士,且会随上官流转,不敢也不能为害过烈,比起书吏、衙役们要让人省心得多,县太爷要用其长,就不能不睁一只眼闭一只眼了。

师爷:高级临时工

刚刚上任的县太爷,虽然饱读诗书,但对于新履职的种种必备基本技能,恐怕也不甚了了。比如断案,科举不考这个,不懂很正常。问题在于,坐堂问案是县太爷每天都要面对的事情,不通律例该如何应对?

自学成才怕是来不及了,《大清律例》有47卷30门436条,附例1049条,不花上一年半载可记不住。即便死记硬背,世间情事千千万,以往判例万万千,身处书斋五谷不分的县太爷哪儿有本事准确套用刑名?一旦生搬硬套错了,可是会被上官斥责、罚俸,甚至影响仕途的。

　　靠长随？不可能。若是一年几两银子便能雇来精通律例的司法专家，清朝早就成为法治社会了。靠书吏？他们说不定与原告被告哪一方沾亲带故，一旦居中作梗、内外粉饰，案子断错了，县太爷还是要跟着倒霉。

　　这种时候，县太爷多么希望能像电视剧中狄仁杰一样有个靠谱的帮手，可以问一句"元芳，你怎么看"。这倒不全是幻想，在清朝，确实可以雇到这样的高级临时工——师爷。

　　师爷是口头的称呼，正式的叫法是"幕宾""幕友"。从这些词中可以看出，虽然同属临时工，但他们并非县太爷的仆人，更像宾客、朋友、高级顾问。

　　作为高端大气上档次的临时工，师爷自然有其非同一般的价值。首先体现在职业能力上。以刑名师爷为例，他们不但精通《大清律例》《大清会典》，还知晓种种典章制度，并了解司法审判的每一个程序。

　　他们对罪与非罪、此罪与彼罪的区别有深刻认识，即使律例上没有的情况，也能靠独家积累、师徒相传的先例成案写出判决，即使不能让当事双方心服口服，也可以使上司无刺可挑。

　　别以为这是小事，奏折师爷出身的晚清名臣左宗棠，在为湖南巡抚张亮基总理文案的时候，因办不好刑名案件屡遭刑部驳斥诘问，左宗棠时常垂头丧气、信心尽失。直到他经人指点，请上官另聘一个刑名师爷后，才脱离苦海。

　　刑名师爷的专业性如此之强，甚至形成了著名品牌"绍兴师爷"，不但师徒传承，还发展成家族事业，绍兴府会稽县的陶家39人都曾游幕，蔚为壮观。

　　刑名师爷之外，还有专攻审核钱粮赋税、能找出藏在账本

左宗棠画像

里的非法支出或亏空项目的"钱谷师爷",核算收支出纳现金的"账房师爷",起草奏折信函的"奏折师爷""书启师爷",校阅试卷点选文章的"圈卷师爷"等,只有请不起,没有想不到。

身价高是师爷作为高级临时工的显著标志。他们既然是县太爷的宾客、朋友,那就不能像长随一样一年几两银子打发了。按照清朝中前期的行情,普通奏折师爷的年薪从40两白银起步,衙门中最重要的刑名师爷、钱谷师爷,年薪更达200两以上。

到嘉庆年间,出现了年薪过千两甚至达到2000两的刑名师爷,可以和知县一年的俸禄加养廉银比肩,简直是师爷拿了县太爷的收入做事,而县太爷得另谋收入。

高薪之外,礼仪上的尊崇也是师爷身价的表现。县衙内的书吏、衙役、长随见到县太爷,要打千、下跪,师爷只用作揖即可。逢年过节凡有饮宴,还要请师爷坐在上座以示尊敬。连支付给师爷的薪水,都不能用寻常名称,而是循孔老夫子的例子,称之为"束脩"。

师爷既然如此精专清贵,为何还是属于临时工? 这和他们的来历有关。在这个以士农工商为基础的社会里,师爷和县太爷一样,都是士子阶层。

他们当中,有的已经是秀才、举人,仍在孜孜以求博取功名,游幕不过是为了自食其力,并在糊口之余积攒经验。每逢科举之时,便要告假还乡一搏。也有屡试不第,已经弃绝仕途之想的,把师爷作为毕生的事业来经营。

更有进士出身,只是因为丁忧、解职等原因不能任官,不得已暂且拜师习幕以待将来的。也就是说,今天的师爷,很可能是明天的县太爷。前面提到过的汪辉祖,便是21岁入幕,46岁考取进士,57岁又做了县官。

师爷与官员都是士子出身,有共同的道德认同和自我期许,不管真也好假也罢,多数师爷尤其是名师爷都以清廉尽职自居。连雍正皇帝也在谕旨中说幕宾"彼爱惜功名,自不敢任意苟且",还要求将幕宾中"效力有年,果称厥职"者报告吏部,以"议叙授之职位,以示砥砺"。师爷做好了,兴许还能谋得正式编制。

清朝名幕龚未斋自称"到馆以后,足不出户庭,身不离几席,慎往来所以远侮慢,戒应酬所以绝营求,而自早至三更,不使有片刻之暇,以期无负于己者无负于人"。汪辉祖则说自己当师爷时,"所主者凡十四人,性情才略,不必尽同,无不磊落光明,推诚相与,终始契合"。近人对此更是多有论述,搞出了不少关于"师爷文化"的大部头,甚至有以"刑名师爷的法治精神"为题的论文。

师爷身为知识分子,自然掌握着话语权,经常通过编选文集、著书立说,让自己在历史上留下一席之地。汪辉祖的《佐治药言》、龚未斋的《雪鸿轩尺牍》成为著名的师爷工作指南,不但为后辈游幕者留下经验,也为自己打造了光辉磊落的职业形象。长随换十几个主子被视为"中山狼",而龚未斋游幕四十余年,服务过的官员不下二十个,汪辉祖"所主者凡十四人",却都以名幕诤友传世,话语权的威力可见一斑。

现实中,师爷自然不可能像自己标榜的一般清高方正,各种为非作歹的行为也屡见不鲜,《盛世危言》便说"刑名、钱谷幕友中,劣多佳少,往往亦把持公事,串通差吏,挟制居停,作威作福之处不可胜言"。

师爷之间彼此援引、上下级官员的幕宾之间相互勾结,也是公开的秘密。如新官上任的县太爷,往往有上官身边的幕友给推荐师爷,如果不用,那么左宗棠的苦闷,便是十足的样板。

县太爷的"私人"小武装

有长随听命跑腿,办理杂务,有师爷出谋划策,专业咨询,县太爷是不是就能安心做官了?放在清朝全盛时期或许可以,到了道光、咸丰年间,外有洋人入侵,内有民间暴动,县太爷可不是那么好当的。

清朝的军队,一个县往往只驻着一个把总几十个兵,还不听县太爷的使唤。地方一旦有事,仅靠县衙的四班衙役、一众捕快恐怕应付不了。这时候,就需要武装临时工来摆平局面,在清朝,称之为团练。

团练源于保甲制度,通常由一个"保"(一般以1000户为基准)或者多个"保"中抽调壮丁、筹措经费、购买武器组建而成,称之为"局""团"。局、团的首领,称之为局总、团总,由保内士绅、大户担任,平时负责组织训练,战时担任指挥之职。

在平时,团练可以用来清剿土匪、镇压骚乱、抗灾救灾,城镇中还可以用于宵禁、救火。太平天国之乱爆发,大江南北一片纷乱,团练更是县太爷唯一能指望的武装。

咸丰十年(1860),四川匪首张五麻子起事,侵犯巴县乡镇,县令张秉堃即动员本县团练18个团6000余人"分九团防河,以九团堵隘",协助官军的清剿行动。

光绪四年(1878),广东匪首欧就起率200余人攻入佛冈厅城("厅"是清朝县级单位的一种),全靠团练与城内官绅合作予以荡平。

团练作用更加显著的例子发生在咸丰四年(1854),太平军攻占安徽六安县城后,各乡士绅动员团练"简精锐、整器械、密暗号、严侦探",联合起来反攻县城,几经失败终于成功。咸丰帝以

"不费公家一兵一饷,力克坚城,为军兴以来所未有",给有功士绅授以官职。

各地地方志上,为抵抗太平军而战死的团练首领、地方士绅,远比官员要多得多。没有了团练,只怕县太爷的性命不保。

团练由士绅掌控,县太爷可以发挥同为儒家门徒的优势,以春秋大义进行思想动员,驱使其为自己效力。曾国藩以团练大臣身份编练湘军的时候,便多选书生士子担任管带、统领,以其知晓纲常礼教,且"忠义血性",比骄怠堕落的八旗、绿营好用得多。

但团练既非县官直属,难免会和其他临时工一样,有不受控制的时候。咸丰十一年(1861),山东齐河县廪生郭少棠因反对知县提高银钱比价而组织抗粮,被缉拿到济南府待审,结果他所在的团练"公普团"竟然起而围城,群呼"宁舍孩儿娘,不舍郭少棠"的口号,逼迫济南知府放人。

毕竟,团练是以乡土为基础组成的临时性武装,与县太爷之间并非如长随一般的人身依附关系,他们有自己的利益、自己的想法。知县运用得当,的确能使处理地方事务如虎添翼,但如果关系闹僵,可能会玩火自焚。在所有的临时工中,团练堪称最危险的一种。

清王朝覆没以来,长随、师爷、团练已经随着社会变革,不复存在于地方行政体系之中。

晚清医界现形记

📝李夏恩

　　当"拟生脉散"四个字被杜钟骏忐忑不安地写在药方笺上时,在场所有人的面色都阴沉了下来。每个医生都知道,当药方上出现"生脉散"这味药时,就相当于宣判了患者死刑。尽管组成这味药的几种药材——人参、麦冬和五味子都是常见药物,却只有在患者六脉散微将绝、命悬一线时才会冒险一试,而且往往也只是尽人事而已。

　　对杜钟骏和其他医生来说,1908年11月14日必将成为他们一生中最难忘的一天,因为躺在他们面前的是清王朝至高无上的君主——光绪皇帝。

　　此时,根据大夫的诊视,皇帝已经"脉息如丝欲绝,肢冷气陷、二目上翻,神识已迷、牙关紧闭,势力将脱"了,甚至当杜钟骏用手按脉时,皇帝竟"瞿然惊寤,口目鼻忽然俱动"。

　　所有迹象都显示皇帝之病猝然而发,而且凶险至极。对给皇帝诊病的医生们来说,他们唯一希望的就是尽快与此事撇清干系。

　　杜钟骏诊完脉面见内务府官员时,直截了当地告诉他们:"今晚必不能过,可无须开方。"只是在内务府官员的再三强迫下,杜钟骏才勉为其难地在药方上写下"拟生脉散",让人用"人参

光绪皇帝

一钱、麦冬三钱、五味子一钱，水煎灌服"。

自从三个月前入宫给皇帝和慈禧太后看病开始，杜钟骏就下定主意：皇帝的病，徒劳无益，希望全无，不求有功，先求无过。但伴君如伴虎，皇帝的生死关系到他的身家性命。

在清朝进入尾声之时，中医依然在这个国家的救死扶伤事业中，扮演着至关重要的角色。但人们也知道，这些挂着"悬壶济世"牌子的大夫却有着种种不靠谱的地方。无论如何，对于朝廷而言，到了光绪皇帝弥留之际，还是要中医开一剂"生脉散"。

一位名医的诞生

这并非是杜钟骏第一次面临这种棘手的危难状况。早在30年前，他就遭遇过一次令他印象深刻的生死时刻。这一年杜钟骏只有26岁，但已经是扬州小有名气的"良医"。从20岁起，杜钟骏就在扬州开馆行医。那一次，他所诊治的是一名"六脉沉细欲绝""头面赤肿，以致两目俱合"的濒临死亡之人，而病人家属找他过来，也并不希求能够起死回生，只是希望杜能给个准确的死期——毕竟家里棺材、烧纸都准备好了，总不能浪费。

但杜在按完脉后，却得出了一个让病人家属大为惊诧的结论：这个人的病有救，但必须要按照他开的方子来治。而他开出的药方更让病人全家大惊失色：病人明明头面红肿如火，而他却开出了十全大补汤，还加上干姜、附子这样的大热大补之药。杜坚持己见，病人家属终于屈服，当然也是抱着死马当活马医的心态姑且一试。

这是一场生死豪赌，最终的结果如杜钟骏所预料的那样，药到病除。杜钟骏也因为这个起死回生的医案而声名大噪，就像晚清的许多医生同道一样,他开始踏足官场,为自己的行医事业更添上一顶功名的帽子。

1908年,他已经成为浙江巡抚冯汝骙幕中的节署文案,这是一个十分接近权力中心的位置,晚清的很多督抚大员都是从幕宾文书起家一路直上的,但就在此时,他突然被冯汝骙保荐入京,为身罹重病的光绪皇帝治病。

从一开始,杜钟骏就把这个差事当成一份苦差,毫无为龙体把脉的荣耀感,反而更添了许多忧惧。为这样的非普通病人诊脉,要时时小心不要触碰忌讳——"皇太后恶人说皇上肝郁,皇上恶人说自己肾亏"。"肝郁"和"肾亏"这两种被忌讳提起的病名恰恰证明了早已流传坊间的宫中秘闻:从1898年"戊戌政变"之后,皇帝就一直被皇太后幽禁,心境如囚徒,自然很容易患上"肝郁"之病;而"肾亏"则暗示皇帝生殖能力有问题,不由得让人联想到宫内外一直谣诼纷纷的"废帝另立"之说。

宫中的三个月,对杜钟骏来说,也许抵得上他行医经历的三十年。三十年前,他冒险使用大热大补的猛药救活了一个危在旦夕之人,而三十年后,面对同样一个缠绵于生死之间的病人,杜钟骏却感到手足无措,他和他的医生同道,唯一能指望的,只有"生脉散"的奇迹发生。

运气:练成"名医"的不二法门

就在杜钟骏和他的医生同道满心想着如何脱离宫中苦海的时候,一本名为《医界镜》的小说,在嘉兴的一家名为"同源祥"的小书庄里刊印发行。这书里提到一个和杜钟骏一样入宫为慈禧太后诊病的外省名医冯植斋。与杜钟骏时时处于惊慌之中不同,冯植斋得益于他的同乡——文名、医术皆名满天下的陆润庠侍郎为他支招。陆润庠向冯植斋面授机宜，举出前朝咸丰年间外省入宫名医潘蔚的例子：潘蔚自恃医术高明，所以预先没有使费探听皇太后的病情，结果遭到内监呵斥戏弄。唯一幸运的是，潘蔚开的药还没煎好，太后就晏驾了，"假使延迟数刻，服了潘公的方药，太后方崩，其罪必加在潘公一人身上矣"。

得知其中玄机的冯植斋自然照方抓药：先到太医院管领医学大臣处，用了银子，考取了一个御医的衔名；然后又用了银子，托人到内务府总管处探取老佛爷的病情，在外先拟好脉案方子。到了内廷请过脉后，按照早就拟好的方案开了方子，"至于老佛爷服他的方药或不服他的方药，横竖张王李赵去看的也不知多少，也记不清是哪一个开的方子，总之都算御医便了"。当冯植斋离开京城后，头上就多了给老佛爷诊过病的大名，以及一个御医的虚衔。

冯植斋当时有"国医圣手"之称，给慈禧、光绪都看过病。而《医界镜》的作者，化名"儒林医隐"的郁闻尧，本人就是医界中人。

这本小说最初在1908年出版，印了一千册，却因为揭露了某名医的内幕，所以被迫收回。《医界镜》算是中国医界揭黑小说的鼻祖。

按照这本书的说法，这些"名医"的炼成，往往都是无心插柳，或者说是"瞎猫碰上死耗子"，小说的主要人物贝仲英就是完全靠运气发迹的典型代表。他发家的原因是治好了杭城富豪赵氏之子的疑难怪病。赵公子因为贪食文旦不消化，患病日重一日。贝仲英给他开出的灵丹妙药，其实是他"旬日未洗澡，臭垢层叠,一搔一条"的泥垢捻成的臭垢丸,却被他吹成是用了"参芦、藜芦、生山栀、豆豉,加些阿魏丸"制成的"二芦栀豉丸",但因为病人需要催吐,所以没有什么比身上的臭垢更让人恶心呕吐的东西了,于是药到病除,贝仲英也借着赵富豪的鼓吹而一跃成为"名医"。

这些靠运气扶摇直上成为"名医"的事迹绝非个例。在有清一朝的笔记中比比皆是,吴炽昌就在《客窗闲话》中提到过檇李郡的一个吴姓"名医",这"名医"刚出道不久,就把县令爱女的感冒治成了不治之症,幸亏和衙役相熟,闻风而逃,等到县令换任,他才回家复整旧业。

结果就在吴"名医"庆祝重新开张欢宴之时,又出事故,他竟把一大瓶信石末当痧子药给了都督营下的一个大将。酒醒后的吴"名医"第一念头是再次逃亡,但没想到大将所生的病恰好只有信石能治,于是吴"名医"便成了大将的座上客,而他本来不佳的医术也靠着大将的威势被掩饰下来。结果就靠着这点儿运气,吴"名医"没过数年,便起大宅,富甲一方了。

"名医"莫问出处

运气乃是成就一代"名医"的不二法门。但如果对这些"名医"的出身追根溯源,就会发现,"英雄莫问出处"这句耳熟能详的俗谚,对某些"名医"来说,更是一块遮羞布。

"那四只高高顶到山墙横梁的中药橱,是我们家的;那只长一丈二尺的药案,是我们家的;那只红木做成的诊案,是我们家的;还有那些青花药瓶、黑铁碾草、紫铜药臼,也都是我们家的。所有这些,都经过我祖父几十年的手泽。"一代名医费振钟对自己年幼时祖父医室的回忆，特别能满足一般大众对名医的想象。

实际上，真正出自家传的名医少之又少，更多的名医只是半路出家。后来成为名医的李泽清，刚刚投师陈文卿时，抱的就是“求不到官有秀才在”的试一试的想法，“穿的是一件土布做的双排扣的汉褂，腰间系着一根麻布腰带，还背着粪箢子”，就去拜师了。

而他“考医学院”的过程，就是陈文卿拿出一本《本草备要》让他句读圈点。李泽清凭着自己十年私塾的功底，圈点过了，老先生看了圈点，一句“孺子可教，孺子可入医道”，就算是把李泽清引进了行。

上面的这两类人，至少在真正行医之前，还会经过一番必要的专业训练。他们身上往往背负着家族和师辈的名誉，一般也有真才实学，同时，他们也要小心翼翼，以免辱没父祖师门。

但另一类医生，也就是小说《医界镜》中提到的贝仲英所属的那一类“名医”，他们往往原先是读书人，因为屡考不中，所以干脆转入医道。“自学成才”这四个字对文人或其他职业之人，应当是不小的赞誉，但对医生这一职业来说，恐怕就多少让人心存疑虑了。

小说《医界镜》里程汝舟挂牌行医的开端就是一个典型，他先是看世上俗医“一样都赚得好银钱”眼热不已，所以看了几本“王叔和、李濒湖等脉诀”，最后经不住他妻子催促，一激之下“要挂就挂，当拣一黄道日子”，然后翻开皇历，选了“六月二十日天医吉日”，“买些纸马三牲，烧了一个发财路头。供献已毕，爆竹声中，门口竖起一块金字招牌，写着：程荷甫内科男妇方脉。又写了许多招子，四面八方，各处粘贴”，医生的买卖就算做起来了。

医死人的事是常有的

运气之所以称为运气,是因为它就像气飘摇不定,早晚有离开的时候。《医界镜》里的贝祖荫,经过豪门子弟和报刊主笔的反复鼓吹,以及那次拜医王的大典后,声名"为上海第一等",但他的好运却很快到了头,厄运也随之而至。

一个叫丁祖良的老贡生,因为19岁的女儿两三月经期未转,请贝祖荫去诊病,但请的人却说成是为少奶奶看病。结果贝祖荫竟然给一个未出阁的黄花闺女诊出了怀孕三月的喜脉。发现误诊的丁家怒不可遏,令家人将这个昔日的"医王"拖翻,用索子捆扎起来,然后丁祖良拿了一把剃刀,亲自动手,把贝祖荫的眉毛全部剃去,又把两边胡子剃去一边,把他赶出门,在光天化日之下示众。

尽管如此丢人落魄,但在这本《医界镜》中,贝祖荫误诊的下场算是不错了。更多的结局是"名医"误诊,害人害己,名声扫地。

小说里提到一个叫周药师的医生,本来只是贝仲英家的一个书童,因为行为不端而被贝氏逐出家门,却靠偷出的两本方子在江阴行医撞骗,"要讲他做郎中的样子,龌龊下流,也描摹不出是哪一种",却因为碰巧有一张妇科名家张大金的方子,所以成了当地时兴的"妇女之友","靠这歪运,行了二三十年,家资很大",但最终还是折在了他发家的妇科上。

一户张姓人家请他给媳妇看病,竟被他治死。张家不依不饶,最终周药师没有办法,只好请人说情,"说他死了一个媳妇,我拿女儿配他的儿子是了"。不料又过了两个月,他又把李大郎家怀有四个月身孕的媳妇治死了,"药师磕头如捣蒜,情愿将第二个女儿赔偿与他做媳妇,才能完结"。结果没过几天,又有人来请他为周小三娘子难产诊病,吓得周药师对他媳妇说:"不好了,周小三又想到你了,快去回他,说不在家,不要开门。"

周药师的故事听起来像是个笑话,但在清朝笔记中,庸医误诊、致人死命的故事往往有之。《大清律例》中对庸医治人死命的量刑有着非常详细的规定,最重的是斩监候。

处罚看起来不可谓不重,但是却鲜有真正执行者,官方对庸医致死的处罚往往是杖刑枷号,罚银了事。清朝用以实际量刑的官方参考书《刑案汇览》中仅收录了10则庸医致命的案例,而且处罚都相当轻,像1789年四川庸医李秀玉误用川乌药末致吴贵祥身死一案,最终的判决只是倍追赎银,从重杖一百,加枷号三个月。

一如晚清一篇名为《中西医学浅说》的文章所总结的那样:"中国向视医学为小道,待之不重,责之亦不甚严,苟且从事,为例所不禁,即有错误,罪止枷杖,且准收赎,故若辈坦然为之,无所顾忌。"

西医:中医真正的敌人

清末民初,西医随着洋人进入了中国,中医面临前所未有的挑战。中医除了用传统的思维去解释西方理论不适合中国特点之外,还要从旁窥视侦察西医有没有在治疗上犯下致命的错误,一旦抓住把柄,中医就像被医死人的病人家属一样,对西医进行严厉攻击。尽管每年死于中医之手的病人成百上千,但西医一旦医死了一个病人,就会成为众矢之的。

非常不幸的是,晚清大名鼎鼎的外交家、曾国藩之子曾纪泽就被认定死于西医之手,更重要的是,他还曾和力斥中医的英国医生德贞是至交,所以曾纪泽的死亡很快被加到西医头上成为一大罪状。像《医界镜》这样的中医揭黑小说,也特意在书中单列一回"贤侯误丧柱石身"来详述曾纪泽如何因为"酷信西医"而死。末了还不忘发表一通忧国忧民的宣言:"以后办国际交涉继起,遂乏其人,以致强邻眈其虎视,肆其鲸吞,驯至今日门户全撤,堂室将倾。"认为这些亡国灭种之祸,全是"偏信西药者阶之厉也"。

从某种意义上讲,爱国主义恐怕也是中医在面对西医时的唯一法宝了。这种风潮甚至刮进了宫廷之中,在杜钟骏等名医为光绪皇帝治病时,一名叫屈桂庭的西医也给皇帝诊过病。他发现皇帝病势猝然转危,当时殿中"中医俱去",没有一个人发现皇帝之病猝发得如此蹊跷,而这也是他最后一次进宫。

三天后,杜钟骏捏着"生脉散"的药方焦急地等待着奇迹的发生。奇迹确实发生了,但却不是起死回生,皇帝在用药前突然死亡,打破了所有的僵局。

杜钟骏绝对想不到的是,他在皇帝临终前开出的那味"生脉散"也许真的能救皇帝于死亡。根据新的临床试验结果,使用生脉散急救休克患者,死亡率仅有25%,比使用西药升压药的52%的死亡率要低一半多。

但问题是,用药的方法不是杜钟骏这些中医习惯的灌药法,而是西医的注射法。倘使在1908年11月14日那天,杜钟骏或者其他医生随身带了一个注射针筒,也许历史就会改写。

但,历史就是少一个针筒。

考据癖

演义小说中的历史常识错误

⊠杨津涛

话说隋炀帝即位，大赦天下。这一赦在山东放出了一条好汉，此人乃私盐贩子程咬金是也。既遇大赦，别的犯人一哄而散，但程咬金却赖着不走，狱吏只好沽来水酒牛肉，伺候他饱餐一顿，老程才出狱而去。但他出狱后，家中没钱，便拿一条旧裙当了一两银子，做起了柴扒买卖。随后，老程又在梦里学了三路大斧，从此走上了反隋的道路。

这是《说唐演义》第二十、二十一章里的情节，但就这短短两章，历史常识错误层出不穷。首先，隋唐时官府禁止杀牛，牛肉不是普通百姓随便吃得到的；其次，那时人们花的是铜钱而非银子；最后，程咬金在真实历史中是将门之后，并非私盐贩子出身，而且他的兵器乃是将领惯用的马槊，绝非什么大斧。对于中国人而言，他们的历史认知通常都是从《说唐演义》之类的演义小说开始的。那些演义小说中的"历史"在人们脑子里存在了很多年，但谬误却比比皆是。因此演义小说只能是茶余饭后的休闲娱乐读物，真把它当成真实历史，难免贻笑大方。

白银直到明朝才成为流通货币

在《水浒传》里，我们时常能看到好汉拿银子结账或打赏。

鲁智深还没出家时,碰上金老汉父女,就是自己掏五两银子,找史进要十两银子,接济了他们。武松上景阳冈打虎前,找酒家买酒买肉,用的也是碎银子。事实上,在《水浒传》故事发生的北宋末年,白银还没有成为流通货币。

中国历来是贵金属匮乏的国家,社会上流通的白银少、价值高。在宋朝,只有皇帝赏赐大臣或向辽、金、西夏缴纳"岁币"时才用,普通老百姓买东西花的是一枚枚的铜钱。

到了明朝,中国在国际贸易中长期顺差,西欧各国从美洲掠夺的大量白银,很多都被用来购买中国的瓷器、丝绸和香料,使中国市面上的白银逐渐多了起来。到了明朝后期,张居正推行"一条鞭法",将老百姓的田赋、徭役等合而为一,统一征收白银。此后,不管是朝廷给官员的俸禄,还是民间买卖、借贷,都开始采用白银结算。

《水浒传》《金瓶梅》这些反映北宋题材的小说,大都成书于明朝以后,所以在叙事时常常代入了作者所处时代的特点:白银货币化。

历史上从没有过"上打昏君、下打奸臣"的利器

小说里的皇帝大都是昏庸无道的,比如《杨家将演义》里的宋太宗只知道任用老丈人潘仁美,陷害忠臣杨家将。对于这样的昏君,老百姓敢怒不敢言,于是为了满足民间诉求,小说家或说书的,便发明了"上打昏君、下打奸臣"的利器。

最著名的利器自然是八贤王赵德芳的"打王金锏"和杨家老太君佘赛花的龙头拐杖。此外,《说唐演义》里的程咬金、尉迟恭,《杨家将演义》里的高怀德,京剧《大保国》里的徐延昭,他们使

宋太宗画像

用的兵器鞭、锏、锤等，也具有"上打昏君、下打奸臣"的功能。

无论是金锏还是龙头拐杖，看上去是很威风，但实际情况是怎样的呢？小说里，这些利器不是上一代皇帝的赏赐，就是当朝天子的恩典。但是，哪个皇帝会赐给臣下一件能把自己打死的利器？这不是吃饱了撑的吗！

所以，谁也没见过这些利器发挥过威力，否则八贤王一锏毙了潘仁美，大宋天下不就太平了？奸臣尚且打不得，更何况昏君？

现实中的皇帝都是想方设法加强皇权，岂有给自己找不痛快之理？有个例子能说明皇家对这类利器的看法。慈禧是有名的戏迷，但是她禁止在宫里演《大保国》《打龙袍》《锁五龙》。这些戏演的都是忠臣为国事，手拿"神器"冒犯太后、皇帝的故事。估计在老佛爷心里，这全属大逆不道，让宫女太监们看了难免想入非非。

包青天的铡刀纯属子虚乌有

读《包公案》，大家最期待也最激动的场景是什么？毫无疑问，就是包青天请出"龙、虎、狗"三口铡刀，一声令下，让恶人身首异处。这一情节看起来确实是很爽，但包大人要是敢这么办，估计很快就要被撤职查办。在真正的历史里，无论铡刀，还是死刑立刻执行，都是子虚乌有。

中国在秦汉时期就有死刑复核制度的萌芽，到了包拯所处的北宋年间，已经发展出一套完善的死刑复核机制。在宋朝，死刑判决大都要上报提刑司、刑部或审刑院核准，然后才能执行。一个犯人即使被核准了死刑，也不能立即执行。唐宋时，死刑不在朔望、上下弦、二十四节气等日子执行。值得一提的是，我们在电视上总看到"午时三刻处斩"的桥段，这也与历史不合，唐宋时处决犯人通常是在黄昏时分。

现代人讲程序正义，古人又何尝不是？包青天再英明神武，也难免会有一时糊涂办错案子的时候。要是没有一个复核的程序，或让犯人鸣冤的机会，即使是包青天，怕也免不了制造出几起冤案来。

马槊才是"高富帅"的兵器

无论《三国演义》还是《隋唐演义》，武将手中的兵器，如关羽的青龙偃月刀、赵云的龙胆亮银枪、罗成的五钩神飞枪等，总是那么光彩夺目。其实刀也好，枪也罢，在古代相当长的时间里都是普通士兵才用的武器。

相比于刀枪，真正的兵器贵族是马槊。遥想曹孟德在长江上"横槊赋诗"，睥睨天下，是何等威风。还有赵云在曹军中单骑救主，"砍倒大旗两面，夺槊三条"，注意夺的不是刀，不是枪，而是槊。这些细节，充分说明了马槊在兵器中高大上的地位——非大将不能用。

马槊看上去与矛类似，但槊锋长，刃宽，能刺，能劈砍，杀伤力强大。大将用的马槊打造工艺繁复，如制作木杆，要取上等韧木的主干，剥成粗细均匀的篾，再将细篾用油反复浸泡，泡到不再变形开裂为止，最后把细篾与葛布层层胶合，再经过桐油浸泡等工序，才能做出马槊的杆。由此而成的槊杆，坚韧受力，刀砍不断。

打造一支马槊要耗时三年，且成功率仅有四成，因此造价高得惊人，岂是普通小兵可用？汉唐以来，马槊一直是世家出身将领的标志。

小说中使槊名人，首推单雄信。他手中一根金钉枣阳槊，重

120斤。相传单雄信祖上乃北周名将，虽然家世没落，但家中仍是能建起庄园的一方土豪，自然用得起槊。

至于吕布的方天画戟、张飞的丈八蛇矛都是槊的变种。相较之下张三爷的丈八蛇矛，就比关二爷的青龙偃月刀高档得多。这是自然，张飞家是土豪，二爷不过是小商贩，用不起槊啊。但是，非要较真的话，青龙偃月刀也是杜撰的，这兵器最早出现在宋朝《武经总要》里。真实历史中，关二爷使用什么兵器呢？《三国志》记述了"斩颜良"的片段："羽望见良麾盖，策马刺良于万众之中，斩其首还。"既然是将颜良"刺"于马下，关二爷用的多半是马槊之类的刺杀兵器。

古代禁止杀牛，梁山好汉哪能顿顿熟牛肉

《水浒传》里，好汉们下馆子，从来不看菜单，张口就是筛几碗酒，再切几斤熟牛肉。林冲看守草料场时，外出沽酒，"店家切一盘熟牛肉，烫一壶热酒，请林冲吃"。还有武松景阳冈打老虎之前，也是点了熟牛肉下酒。读者看了这些情节，不免以为在宋朝时，牛肉是随处可见的普通食物。

事实上，牛肉在当时相当昂贵，原因很简单——官府不许杀牛。在农耕社会，耕牛是最重要的生产工具，西周时就有"诸侯无故不杀牛"的规定。中国古代政府给予耕牛的特殊保护，怕是今天的印度人也望尘莫及。比如，在汉朝，杀牛是要偿命的，即使你是牛的主人。

汉以后，对杀牛的惩罚不再那么严厉了，牛主人擅自杀牛，在唐朝判徒刑一年，在元朝则要杖责一百。杀自己的牛尚且如此，那要是杀了别人家的牛，刑罚当然会更重。在梁山好汉们所处的

宋朝,在不是正当防卫的情况下,杀死他人的牛,要处以"脊杖二十,随处配役一年"。

在唐宋时期,不管这牛是老得拉不动犁了,还是意外瘸了腿,都是不能杀的,除非等牛自然死亡。虽然也有人偷偷杀牛尝鲜,也不可能如《水浒传》里那些酒家有如此充足的牛肉供应。

实际上,好汉们下馆子最可能吆喝小二的是"切二斤羊肉"。北宋以羊肉为主要肉食,《清波杂志》记载北宋时皇宫"御厨止用羊肉"。苏东坡也有"十年京国厌肥羜"的诗句,这位美食家连出生五个月的羊羔都吃腻了,于是发明了"东坡肉",当然,在宋朝城市,猪肉的消费量也不小。

傻傻的福将,欢喜的结局

所谓福将,顾名思义就是在战场上福星高照,总能化险为夷的大将。这种人常以喜剧形象出现,他们虽非主角,却能给读者留下深刻的印象。福将的代表性人物是程咬金、牛皋、孟良和焦赞。

仔细分析,几乎每部小说都有福将存在。福将们所处的时代不同,形貌却是"千人一面"。他们都是身材高大,相貌丑陋,胆大心细,还有一身忠肝义胆。而且不同小说的福将有互相抄袭之嫌,比如《明英烈》里的胡大海和程咬金何其相似。

福将能有今时今日的面目,经过了相当长的历史演变过程。以大名鼎鼎的程咬金为例,他出身世家大族,自曾祖起,历代都在北齐为官。所以历史上程咬金的兵器就是前文说过的高档兵器马槊。到了《说唐演义》故事里,程咬金虽然是世家出身,但家世没落,成了和寡母相依为命的私盐贩子。

程咬金被改变身份是明末清初,在晚明的《隋史遗文》、康熙年间的《隋唐演义》里,程咬金开始改头换面。民间艺人包装出了一个混世魔王程咬金。于是乎,"半路杀出个程咬金""程咬金的三板斧"成了现在中国人的常用俗语。

牛皋的身份变迁同样如此,真实历史中,他在岳飞手下是中军统领。等到《说岳全传》问世,钱彩笔下率真、勇猛的牛皋形象就一下深入人心。历史上的牛皋是因反对议和而被秦桧杀害,小说则给了牛皋一个真正的喜剧结尾,上演了一出"气死兀术,笑杀牛皋"的传奇。

武将单挑纯属想象

网上有一批"武评"爱好者,就是依据小说中武将单挑的情节,给关羽、吕布,给呼延灼、鲁智深定个武力高下。小说里的武将单挑,我们耳熟能详:长沙城下,老将黄忠大战关云长;潼关阵前,许褚裸衣战马超。读来让人心潮澎湃。

但仔细一想,两军对垒,军队的人数、装备、士气,以及将领的指挥无一不影响着战场胜败,战争没有理由会被两个逞匹夫之勇的将军左右。否则脚有残疾、坐轮椅指挥的孙膑,也不可能让孔武有力的庞涓死于乱箭之下。

历史上,真正的著名武将单挑极其罕见。关羽斩颜良算是一例,还有就是孙策和太史慈那场恶战。太史慈曾带一名随从在野外与孙策一行偶然相遇,遂上前迎战。当时"策刺慈马,而揽得慈项上手戟,慈亦得策兜鍪,会两家兵骑并各来赴,于是解散",两人打了个平手。

从上面的案例来看,古时武将不到保命的关键时刻,断不会赤膊上阵,与敌将拼个死活。

通常所说的为将之勇，并不是单挑，而是率军突营陷阵。如《三国志》中吕布手下大将高顺，此君常率精锐"陷阵营"，突袭敌阵，攻无不克；还有就是夺了侄子江山的明成祖朱棣，他时常率骑兵突袭军阵，屡屡得手。不过，朱棣的勇武另有乾坤，皆因侄子建文皇帝有旨意，要抓活的。讨逆军上下被捆上手脚，才让朱棣有恃无恐，不然明枪暗箭之下焉有活路？

异姓封王难如登天

在小说中，很少有谁被封个侯，大都是皇帝一高兴，当场就封王了。薛仁贵在历史上的最高爵位是平阳郡公，到了小说中就成了平辽王。异姓封王在唐朝还较常见，或者是赏赐功臣，或者是安抚割据势力，著名的有汾阳王郭子仪、燕郡王罗艺。所以在唐朝故事中编个"平辽王"的爵位，尚在历史框架之内。

然而在以宋朝为背景的小说中，满天飞的异姓王爷就有点扯了。在这些子虚乌有的王爷中，最神奇的要数呼延赞之子呼延丕显，他同时被封为靠山王、敬山王，是为"双王"。

历史上，宋朝给功臣封王，几乎都是追封，如曹彬为济阳郡王、岳飞为鄂王。值得一说的是《水浒传》里与蔡京、高俅狼狈为奸的童贯，这厮作为一个宦官，生前就被封为广阳郡王，当真是风光一时。

小说里封王的极致是所谓"一字并肩王"，就是地位与皇帝比肩的王爵。程咬金被李密封为一字并肩王；裴元庆又被程咬金封为一字并肩王。

真实历史中，一字王大都封给皇帝的子弟，如明朝的燕王朱棣、辽王朱植等。到了南明，处境岌岌可危的永历小朝廷才封了李定国为晋王,这是特殊环境下的特殊举措而已。

一字并肩王看似荒诞,但演义小说影响所及,也尽人皆知。民国张勋复辟后,得了个忠勇亲王的爵位。张勋当了王爷自然很高兴,在家里得意扬扬。夫人曹氏一直都不赞成复辟,对丈夫说:"今兹封忠勇亲王,吾恐汝他日将为平肩王矣。"张勋问为什么,曹氏大声道:"汝将来首领必不保,一刀将尔头砍后,汝之颈不与两肩一字平么?"

虚构的北伐辽金,天真的想象

演义小说通常有一个相对真实的背景,如《三国演义》的汉末逐鹿、《说唐演义》的隋末大乱,不同作品的差别在于史实和虚构的比例。在一些民间作品中,甚至有一些凭空捏造出的情节。如薛丁山之子薛刚起兵反唐,讨伐武则天;又如《说岳全传》里岳飞次子岳雷挂帅北伐,大败金国,收复失地。虚构最过分的要算那本《反三国演义》,愣是让蜀国统一了天下,不正是如今盛行的穿越小说鼻祖吗?

这种艺术创作一方面寄寓了文人的政治理想,另一方面也符合读者的心理要求。在真实历史中宋人打不过契丹人,后人就让杨家将、梁山好汉在小说中出场,帮老祖宗打他们一个落花流水。

除了抗击外族,忠奸斗是明清小说虚构的另一个重点。在历朝历代,皇帝身边都有奸臣当道,也有忠臣护国,比如明后期东林党和魏忠贤的斗争。斗争中得势的常常是奸臣一方,文人在现实中被打压,就在小说中将祸国奸臣绳之以法。为了达到这个目的,抗辽名将潘美成了大恶人潘仁美;立下赫赫战功的苏定方,也成为陷害罗成、罗通父子的宵小之辈。

官商沉浮录

古代官商的模式很简单,政府垄断盐铁、矿山、海贸等暴利行业,或授予商人经营,或直接被官员占有。这样的模式制造了无数的财富神话,汉朝桑弘羊、宋朝淮扬盐商、明朝崛起的晋商、清朝十三行的伍秉鉴便是其中的佼佼者。

钱穆总结中国古代政治有两个关键词:"集权"和"抑商"。布罗代尔则认为,中国古代政府权力过大,政府的随意征收让富有的非统治者终日恐惧。他们的财富总是因官而起,又因官而败。

大明朝被勾结紧密的官商挖空墙脚

嘉靖二十六年(1547),朱纨为提督浙、闽海防军务,巡抚浙江。位列封疆大吏,这是他人生最辉煌的时刻。嘉靖皇帝赐给他"王命旗牌",希望他能够平定肆虐东南沿海多年的倭寇之乱。

《明史纪事本末》记载,朱纨上任后,从断绝倭寇与大陆的走私入手,革渡船,严保甲,搜捕通倭奸民,整顿海防,严禁商民下海。如此手段对于制止沿海通倭有很好的效果。朱纨意气风发,正准备大干一场,但他没有料到,阴谋正在酝酿,危险就在不远处。

禁海之策触犯了与倭寇有着密切贸易联系的地方官员士绅，以及从海外贸易中获得利益的朝中大员。倭寇们不惜花费重金收买官员，维持海贸关系。在大量金钱面前，众多官员上下勾连，对倭寇出入睁一只眼闭一只眼。

最可怕的敌人还来自朝堂之上。如言官周亮，是署府事推官张德熹的乡友，因朱纨在执法过程中斩了张德熹，周亮就利用自己御史的权力，竭力弹劾朱纨。而朱纨的支持者夏言在与严嵩的政治斗争中落败，严嵩想尽招数削弱朱纨的权力。御史陈九德又借朱纨在走马溪擒杀李光头等96人，弹劾他"擅专刑戮"，迫使朝廷将他免职待查。

众口铄金，朱纨最后免官回籍，愤而自杀，死前悲叹：就算皇上不杀，闽浙人也不会给自己活路。

"朱纨案"是国家利益与商人利益之间的矛盾激化到极点的典型，但在大明朝官商挖朝廷墙脚的事层出不穷。谁能想到，有着过亿人口，贸易量巨大的明朝，每年只收区区300余万两银子的商税？穷了朝廷，富了商人，结果却是大明朝穷得只有灭亡一途。

史学界常谈：重农抑商是明朝末年经济危机的原因之一。但如果仔细研究明朝的历史，你会发现，这真是天大的误解。

事实上，到了明朝中后期，各地著名商帮迅速崛起，商人势力占领朝野，而朝廷对这些利益紧密勾结在一起的官商集团毫无办法。《白银帝国》一书认为，万历年间几乎到了"无官不商"的地步。东林党主要成员大多为中小商人家庭出身。与此同时，四分之三的进士、举人家族中有从商的背景。

最出名的晋商张、王两大户皆是亦官亦商。王家第二代王崇古在嘉靖二十年（1541）历任兵部右侍郎等职；而张家创业的第一代是张允龄，第二代张四维担任万历时期的内阁首辅，张四维之弟张四教也是大盐商。张家、王家联姻的同时，还与陕西人大学士马自强家联姻，马自强的兄弟马自修也是大商人。在这张巨大的关系网中，张、王、马三家几乎垄断了北部边疆以盐业为主的贸易，以至于御史永邵愤怒地说：盐法之所以败坏，就是被权势之家垄断而导致。

除了垄断，朝廷文官还通过诋毁商税征收，将税费控制在极低的水平，以冠冕堂皇的理由挖着朝廷的墙脚。

针对明朝税率过高导致人们愤而起义的老套说法，黄仁宇在其著作中驳斥说，明朝的税收存在过低而非过高的问题。他指出，明朝除了运河沿岸及北京、南京附近，其他地区几乎没有商业税。在明朝大多数时候，全部工商杂税收加起来，岁入也就300多万两白银，其中市舶税不到10万两。

对比宋朝，据《文献通考》记载，神宗熙宁年间赋税总收入7070万贯（一贯铜钱约值银一两），农业税以外的工商市舶等杂税为4911万贯，约占70%。至于市舶税，高宗赵构曾说："市舶之利最厚，若措置合宜，所得动以百万计。"

明朝后期一个"怪现象"是，政府不能加征农税以外的税收，否则必然会被商人在朝堂的利益代言人东林党坚决抵制，而且这样的抵制活动，几乎百分百成功。

万历年间，在反矿监税使的斗争中，东林党人表现尤为突出，各级官员上书不断。其中，以李三才所上《请停矿税疏》最为尖锐，他直接向皇帝喊话："皇上爱珠玉，人亦爱温饱。"东林党二号人物叶向高，入阁前就上书要求神宗撤回矿监税使。"不言利，只言义""不与民争利，藏富于民"，所谓微言大义，这两句话成了秒杀一切加税"谬论"的超级武器。

可怜明朝政府口袋里的钱本就不多，却还要遭受偷税漏税的打击。明朝中后期，偷税漏税行为甚至得到官员鼓励，他们认为，只要征点东西可以交差就行了。

据黄仁宇记述，何逊在1510年以后的十年中管理沙市税课使司，一旦完成定额，他就减少对木商抽税；16世纪20年代，邵经邦开始主管沙市税课使司，采取了一项更为惊人的改革：三个月完成定额后，本年度余下时间内撤关任木商往来。1560年，杨时乔榷税杭州，建立一个令人瞠目的制度，令木商自己写下收入，爱缴多少是多少。商业活动兴盛的浙江金华县，一年的商税不超过七两银子，简直就是笑话。

（文 / 钟瑜婷）

世界首富伍秉鉴的起落沉浮

在所有介绍清朝广州十三行的书中，几乎都充满了"金山珠海""天子南库""辉煌巅峰""黄金时代"之类的称颂之词；十三行商人伍秉鉴被《华尔街日报》列为上个一千年世界上最富有的50人之一，亦被今人引以为豪。

其实，十三行之所以能辉煌于一个时代，固然有广东地理环境、人文环境、悠久的通商历史以及粤商个人品行等各方面的因素，但朝廷赋予十三行垄断经营的权力，更是不可或缺的条件。

广州开海贸易初期，十三行全部由官府指定，专替外商处理货物交易事宜，代为支出收纳进出口税。这些牙行称为"官行"或"官牙"。其中有托庇于藩府的"藩商"，有受总督任命的"总督商人"，有受将军任命的"将军商人"，有受巡抚任命的"抚院商人"，号称"四大官商"。后来还冒出一种自称得到皇太子撑腰的"皇商"，把持全部对外贸易。从这些名称，就可以看出他们与官府的关系。

随着贸易的日益兴旺，不断有新的行商加入，竞争开始变得激烈，出现为争揽生意而互相压价、贵买贱卖打"价格战"的情形，扰乱了市场。1720年，有16家行商在神灵面前宰鸡歃血，结盟起誓，组成公行，制定共同遵守的行规。

而没有加入公行的散商，则不准与外商接触，以此确保公行的垄断地位。不难想象，那些被排斥在公行之外的散商，说起十三行，是一肚子愤愤不平。公行组织存在的时间虽然不长，但其垄断地位却一直延续了下来。

伍秉鉴的先祖原在福建种茶，康熙年间，朝廷开海贸易，伍氏家族马上嗅到发财的气息，举家迁入广东。但伍家的发财梦起初并不美满，伍秉鉴的父亲伍国莹做账房一度因欠债而逃匿，转做盐商又赔了大本。后来在广州城西开了间从事外贸的怡和行的前身元顺行，虽然慢慢爬升到二十家行商中的第六位，但又因为拖欠关饷，不得不东躲西藏了几年。

1801年，伍秉鉴接手怡和行，外国人都叫他"浩官"。伍秉鉴的性格似乎不太适合做生意，他沉默寡言，没有幽默感，洋人觉得他"天生有懦弱的性格""一辈子只讲过一句笑话"。

伍秉鉴不会说笑话，但很会做生意。怡和行在他手里第二年便跃居行商第三位，五年后已坐二望一。

1813年，官府决定从行商中挑选两个人充任总商，一切评订货价和对外通商事宜，统由总商负责，其他商人不得过问。伍秉鉴众望所归，成为两位总商之一，口含官宪，手握议价权，真是如日中天，不可一世。

伍秉鉴在其巅峰时，拥资超过2600万银元，相当于国库年收入的一半，创造了一个惊世骇俗的金钱神话，为天下所艳羡。仅看他在广州河南的别墅庭园，已让人叹为观止，其规模可与《红楼梦》中的大观园媲美，中央大厅摆得下数十桌筵席，能容上千名和尚诵经礼佛。据上他家做过客的洋人描述，登上他家的高台，"广州全城景色及城外江河舟楫俱在眼前"。可惜，如今的伍家花园只剩下一条伍家祠道以及一小段红砂墙基，供人凭吊。

垄断企业往往是腐败的渊薮，垄断程度愈高，腐败愈烈。因为这个垄断是靠官府赐给的，官府要得到回报，于是便导致权力寻租。

在1801年至1843年期间，伍秉鉴向官府行贿、捐输、报效的钱，多达1600余万两，买回来了一大堆金光闪闪的官衔、封荫和官职，成了广东首屈一指的红顶商人，连皇帝都知道广州有个叫伍秉鉴的富翁，钱多得不得了。

到19世纪中期，伍秉鉴不但在国内拥有数量惊人的地产、房产、茶山、店铺和千万家财，还在美国投资铁路，从事证券交易和保险业务，同时还是英国东印度公司的最大债权人。当年广州有一首民谣："潘卢伍叶，谭左徐杨，虎豹龙凤，江淮河汉。"前面八个字，代表了十三行八位著名行商，其中"伍"即伍秉鉴的怡和行；后面八个字，形容他们财雄势大，傲视天下。

伍秉鉴在生意场中，之所以能获得巨大的成功，除了凭借官府所规定十三行的垄断地位之外，他个人的性格品行，也是重要原因。洋人都公认他"诚实、亲切、细心、慷慨"，也许这就是他做

[清]关联昌《从河南眺望十三行商馆》

生意的另一种本钱,是他独有的成功之道。

有一名美国商人和伍秉鉴合伙做生意亏了,欠了伍秉鉴7.2万银元。他很信守合约,因债务在身,便老老实实待在广州,虽然望尽天涯路,却不敢归故乡。伍秉鉴知道后,心生怜悯,当着这个商人的面,把债据取出,三下两下撕成碎片,然后对这名美国商人说:"你是我最好的朋友,你是一个最诚实的人,只是运气不好而已。现在我们之间的账目已结清,你可以随时离开广州回国了。"

7.2万银元,在当时是一个巨大的数额,这样一笔巨债却被伍秉鉴随手一撕,一笔勾销。

还有一名美国商人替伍秉鉴承销生丝,伍秉鉴要求他把赚到的钱兑换成东印度公司的期票。不料这名商人急于赚快钱,自作主张,把赚到的钱买了一批英国毛织品,结果市场滞销,亏了几千银元。这名美国商人愧疚不已,主动向伍秉鉴认错,表示愿意赔偿。但伍秉鉴只淡淡地说了一句:"以后要多加小心。"并不要他赔钱,而是自己承担了损失。

阮元任两广总督时,对行商以严厉著称,有美国水手在广州打死民妇,阮元连十三行的保商黎光远也一并收监,最后判黎光远流放伊犁。黎光远还因此破了产,伍秉鉴和几个洋商一起筹款,送给黎光远作流放伊犁的生活费。

这些有着浓浓人情味的逸闻,显示伍秉鉴并不是一个锱铢必较的"孤寒财主",他做生意颇能为别人着想,令中外商人对他都赞誉有加,虽然怡和行的收费比其他行高,但洋商仍然乐于与他做生意。

十三行因为有官府的支持,才获得外贸的垄断地位,因此行商与官府之间,多少都有金钱关系。但阮元为官清廉,他对商人的监督也格外严格。当时行商实行联名具保的制度,一家行商倒闭,其欠债要由联保的其他几家行商偿还,经常出现一家破产,便连累几家倒闭的情形。

坊间流传着一个故事,说阮元当两广总督时,因为有行商倒闭,拖累了怡和行,伍秉鉴去见阮元,阮元问他欠饷的情况,他说:"不是我有意欠饷,实在是因为市道疲软,官府催饷又急,我吃不消了。这样下去,官商两败俱伤。"阮元挥挥衣袖说:"既然如此,我免你家数年饷,好自为之。"

这个故事的真实性,后来受到质疑。阮元当两广总督时,正是伍家生意鼎盛时期,何至于上门求官府免饷? 阮元也不是一个不负责的官员,随便就免一个行商几年的饷。事实上,阮元铁面无私,对所有人一视同仁,1821年,因为伍秉鉴对外船夹带鸦片知情不报,阮元便奏准摘去他的顶戴,以示惩戒。

另一个对行商非常严厉的官员是林则徐。1839年,林则徐在广东禁烟,曾召见伍秉鉴之子伍崇曜,对行商滥保夹带鸦片的洋船,严加痛斥:"本大臣奉旨来粤,首办汉奸,该商等未必非其人也。"勒令他们父子改邪归正,并要洋商缴烟具结。

伍秉鉴说服洋商,向官府缴出了一批鸦片,但林则徐认为这只是九牛一毛,做做样子想蒙混过关,勃然大怒,下令把伍崇曜革去职衔,投入大牢,把七十高龄的伍秉鉴摘去顶戴,套上枷锁,游街示众,从衙门游到十三行,任沿途民众围观,直到英国人缴出两万箱鸦片才放人。这批鸦片的钱,最后由行商公所从行佣基金中偿还给英商。所谓行佣基金,是从进出口货物交易中抽取,专门用来打点朝廷和官府上下关系的款项。

对于一个世界首富来说,被戴枷游街,亦算得上是奇耻大辱了。官府对十三行商,没事时都当他们是摇钱树,任意敲诈勒索,一旦与洋人有交涉,就拿他们杀威,吓唬洋人,再不然就要行商出面斡旋做挡箭牌,如果斡旋不成打起来,商人的命运更糟糕。当时的清政府十之八九是吃败仗的,商馆店铺被毁不说,败了以后官府要赔钱,钱还得从商人腰包里掏。

1841年,英军围攻广州,靖逆将军奕山与英国缔结城下之盟,赔款600万元,其中200万元由行商先付,其余400万元由官府垫支,行商分年摊赔归补。

官府打了败仗的600万元赔款,全部由商人给他们埋单。当时广州有民谣唱:"四方炮台打烂,伍紫垣(崇曜)顶上,六百万讲和,七钱银兑足。"仿佛赔钱讲和,都是行商的错,其实,伍秉鉴父子不过是代官府受过,出了钱还落个骂名。

鸦片战争失败后中英签订《南京条约》,十三行的垄断地位不复存在,朝廷勒令旧行商偿还《南京条约》规定的外商债务300万元,伍家独认100万,一时未能交清,官府天天派人上门催缴。伍秉鉴再也受不了了,一病不起,在广州去世。

十三行这种公行制度,短期内虽然可以让朝廷捞足油水,也制造了一批超级富豪,但长远来说,却是中外贸易健康发展的绊脚石。

十三行在鸦片战争前已趋于衰落,商人们挥霍无度的奢侈生活固然是原因之一,但更重要的原因,是官府以报效、捐输、摊派等各种名义,没完没了地苛敛勒索,令行商们疲于应付。结果,有些行商开始与洋人勾结,从事鸦片走私;有些行商受到官府勒索,转头又去勒索外商,以转嫁损失,形成恶性循环。

1856年,英军攻破广州外城。愤怒的广州人民纵火焚烧十三行。这场大火直烧得天愁地惨,天子南库、锦绣乾坤,霎时间都灰飞烟灭,化作废墟。至此,十三行结束了它长达100多年垄断中国对外贸易的显赫历史。

包括伍家在内的富家大族在西关、海珠精心修筑的庭园别墅、瑶台画舫,也在岁月更迭之间,消失在烟水茫然处。

(文/叶曙明)

英国东印度公司200年蜕变

1721年的某天,一艘英国帆船驶入黄埔港口,却被粤海关通知不得与非公行商人贸易。

所谓公行是由多家企图垄断海贸的海商们组成的行会,史称广州十三行。它最终得到清朝政府的支持,成为把持中国对外海贸的垄断公司。

在这次中西贸易交锋中,英船以停止贸易相要挟,双方僵持的结果是公行作出让步。这艘财大气粗底气硬的英船属于英国东印度公司,是来自万里之外的英国的另一家海贸垄断公司。

伦敦大学经济史教授汤姆·汤姆林森在央视纪录片《公司的力量》里,如此形容英国东印度公司:"更像是一个政府,而不是一个公司,1813年之后,它已经全然不再是我们理解中的公司了,尽管它还叫公司,但实际上就是一个政府。"

从一开始获得英王特许的官商,到后来成为印度实际统治者,英国东印度公司把官商一体发挥到了极致。但正是这种极致,让它印证了这样一条铁律:无论曾经怎样辉煌,商业运作一旦沉湎于垄断权力,最终必然无法摆脱腐败、衰败的宿命。即使它来自现代民主与自由贸易先驱的国度也无可避免。

1788年2月8日,英国议会通过了对印度总督沃伦·黑斯廷斯的弹劾案,这个曾经不可一世的全印总督,面临多达22项指控,这些指控包括殖民机构对印度掠夺式的统治,迫使印度农民以低价出售产品和耕牛;为了支付税款以600%的高利息借款;为了迫使农民借款,英国东印度公司不惜烧掉他们的茅屋。国会议员伯克控诉道:"他践踏了印度的法律、权利和自由。"除此之外还有对黑斯廷斯私人贪腐奢侈的指控,包括中饱私囊,挪用公款给妻子享乐,等等。这个曾经的印度"皇帝",为这场旷日持久的官司付出了8年光阴以及全部家产。

印度总督身上的罪名,某种程度上就是英国东印度公司的罪名,人们惊讶地发现在成立近200年后,这家曾经为英国开疆拓土、赚取巨额财富的官商组织,正全面蜕变为一个残暴、贪婪、腐败的"极权政府"。

英国东印度公司从成立那天起,就具有深深的政府印记：16世纪末,伦敦胡椒价格飞涨,英国人要求打破荷兰与葡萄牙对东印度群岛胡椒贸易的垄断,一家代替政府出面争夺远东海贸权的公司应运而生。1600年,获得了垄断东方贸易15年特许状的英国东印度公司正式成立。

在早先100年的发展历程中,商人逐利的天性让英国东印度公司无比高效,并逐渐成为英国殖民地扩张的急先锋。英国政府靠着向英国东印度公司征税的方式获取丰厚的利益。

英国东印度公司通过向印度人民勒索"国内开支"、利用田赋"投资"、发行"公债"等方式,将英国征服阿富汗、缅甸等国的军费甚至镇压印度人民起义的开支全部转嫁到印度人民头上。

渐渐地,势如破竹的英国东印度公司性质开始转变,由官商变成商官。18世纪中叶,驻印英军总司令罗伯特·克莱武以其出众的军事能力平定印度人的抵抗,从此确立了英国东印度公司在印度的殖民统治地位。

英国东印度公司蜕变成商官的标志就是,攫取印度的赋税。1765年英国东印度公司获得孟加拉等三个地区的行政与税收权,此后6年他们从税收中赚取了400万英镑。在对印度侵吞过程中,还诞生了一系列的国家机器,如法庭、税务局,甚至军队。

在获得印度统治权之后的半个世纪里,英国东印度公司在此掠夺的财富高达10亿英镑。这些财富被视为英国完成资本积累,支撑工业革命的基石。

但世界上终究没有日不落的帝国。英国东印度公司创办近200年后,它由最初通过激发商人逐利天性的朝阳产业,变成了严重阻碍自由贸易发展的商官机构。

英国东印度公司职员回国时大都变成富翁,他们大量购买地产,并用在印度掠夺的不义之财贿买议会席位,继续巩固英国东印度公司的地位。

与此同时,英国东印度公司高层频曝丑闻,除了前面提到过的黑斯廷斯,还有奠定公司在印度统治的克莱武,也因为收入来源和战争行为受到英国政府调查。克莱武毫不隐讳地谈自己的所为:"我从不打算隐瞒这件事。……我为了公司职务常冒生命危险,公司没有任何借口要我放弃空前未有的发财机会。"

亚当·斯密认为,英国东印度公司因为垄断性的贸易特权,必然导致公司职员破坏自由竞争,并且以损害国家的方式维护自己的利益。

在《国富论》发表前三年,英国东印度公司庞大腐败的行政制度,以及职员的贪污自肥导致财政入不敷出,都让国会不胜其烦,终于在1773年出台《管理法案》规定英国政府开始控制在印度所占土地,并在印度设立总督、参议院和最高法院,英国内阁第一次获得了控制英国东印度公司内部事务的权力。

1813年,《管理法案》修改了英国东印度公司的"护身符"特许状,英国东印度公司对东方贸易的独占权被打破,公司财政进一步受政府官员组成的监察部监督。1833年修订的《管理法案》又规定公司董事会完全听命于监督委员会,至此,存在了200多年的英国东印度公司名存实亡。

从1792年到1837年的46年中,英国东印度公司有14年亏损,净利润3200万英镑；1837年到1858年的22年中，只有6年有盈利，总亏损2815万英镑。官僚主义盛行、腐败丛生、亏损严重的英国东印度公司行将落幕。

1858年，维多利亚女王发表《告印度人民书》，标志着印度的统治权从英国东印度公司转移到英王手里。1874年，英国东印度公司正式宣布解散。

（文/孙雅兰）

古代的官场应酬

文 叶克飞

"所有尖宿公馆,只用家常饭菜,不必备办整桌酒席,尤不得用燕窝烧烤,以节靡费。此非客气,切勿故违。至随身丁弁人夫,不许暗受分毫站规、门包等项。需索者即须扭禀,私送者定行特参。"

这是清朝道光十八年十一月(1839年1月),林则徐被任命为钦差大臣,前往广东禁烟时发布的第一道公文。整篇公文与禁烟无关,而是针对公款吃喝。据载,林则徐此行不但拒绝了一切接待馈赠,还轻车简从,随从"惟顶马一弁、跟丁六名、厨丁小夫共三名"。相比利用手中权力一路吃拿卡要的官员,林则徐拒绝接待,可算是高风亮节。但此举也从侧面说明了晚清官场吃喝风气之盛,一般官员即使心有抗拒,也几难免俗,若一定要像林则徐这般强硬,恐怕还得罪人。

古代为官者,吃喝应酬是常态

这种官场风气并非晚清独有。古代为官者,吃喝应酬是常态,几成官场规则,有时甚至不吃喝不应酬,就做不了官掌不了权。同样,历代农民起义虽常有"均贫富"之类的口号,但若真想起到煽动性效果,还是得拿大鱼大肉和女人说事儿。

宫廷宴会自古便有。早在周朝,《周礼·天官》中就有记载:

"凡王之馈,食用六谷,膳用六牲,饮用六清,羞用百有二十品,珍用八物,酱用百有二十瓮。"这种宫廷宴会在后世因为物质的丰富而愈发繁复,最盛大的当属每年大年初一的大朝会之后的宴饮,百官均要参加,还可以携眷,这个古代最高规格的官场应酬活动从周朝便已开始,直至清亡。其他例行的还有新皇登基时的元会宴、改元建号时的定鼎宴、祝寿时的万寿宴等。

在皇权社会里,宫廷宴会属于"绝对权力导致的特权特供",本不属本文探讨之列,但这种风气确实影响了官场生态,官员们上行下效,将宴会变成了一种固有流程,从升迁、到任到离职,还有寿辰、婚嫁等,宴会贯穿整个官场生涯。至于日常应酬更是生活的一部分,退朝了下班了三三两两喝个酒聊个天,是很多官员维护关系的必要手段。

如果官场动荡,官员调动频繁,这种宴会也会跟着频密,如《汉书》中描述,西汉后期就有"吏或居官数月而退,送故迎新,交错道路"的混乱局面。到了《后汉书》,又有"自是选代交互,令长月易,迎新送旧,劳扰无已,或官寺空旷,无人案事"的记载,可见迎来送往、吃喝应酬,已导致行政效率严重低下。

有时,官场应酬还会引发血案,两汉时期最著名的因吃喝引发的血案发生在演义小说里,《三国演义》开篇不久,倒霉的督邮就吃拿卡要未遂,还被暴打一顿。到了魏晋南北朝时期,此风仍盛,南朝设"迎新送故之法",地方官上任和离任都得送礼,一般送故以三年为期,即离任后三年内,原任职所在地每年都得去送礼。各州郡甚至设置了"送故主簿"这一岗位,专职迎来送往。这一制度并没有财政拨款,"饷馈皆百姓出"。

清朝版画《唐明皇宴京师侍老图》

[南宋]佚名《春宴图卷》(局部)

吃喝应酬与政治清明与否无关

有人以为越是皇帝昏庸、吏治混乱的黑暗年代,官员越热衷吃喝,其实不然。官员应酬之风,与政治是否清明基本无关,有时盛世反而更为流行。比如中国历史上经济最为繁荣的宋朝,就是官员应酬最盛行的朝代。《宋史》记载,宋朝有"旬设"之制,每一旬都有一次宴犒,各衙门动用公款宴请都有公开账本,名为"公使苞苴",这种用于公务接待的公款即称"公使钱"。

名臣范仲淹曾解释过公使钱存在的合理性:"窃以国家逐处置公使钱者,盖为士大夫出入及使命往还,有行役之劳。故令郡国馈以酒食,或加宴劳,盖养贤之礼,不可废也。"范仲淹认为这一切都基于公务,让来往公务人员能够安心工作。

这些制度使得官员动用公款吃喝成为常态,宋孝宗时的平江

知府王希吕与祠官范成大、胡元质常用公款请客，"一饮之费，率至千余缗"。北宋的尹洙曾在《分析公使钱状》中记载，庆历三年（1043），仅渭州官府官员，每月便有五次公款吃喝的宴会。《朝野杂记》记载，南宋时东南诸郡公使"帅臣监司到署，号为上下马，邻路皆有馈，计其所得，动辄万缗"，也就是说，官员不但有得吃，吃完还可以拿礼物。

吃喝还通常伴随着送礼行贿，仅扬州一地，每年用于馈赠的小礼品就花费了十二万缗，一缗等于一千个铜钱。

北宋时，杭州已极为繁华，朝廷派赴该路的监司大多在城内设立办事处，杭州当地还得专门安排一名官员负责接待，大名鼎鼎的苏轼担任杭州通判时就疲于应付接待任务，甚至称这里是"酒食地狱"。

时人曾这样描绘宋朝的公务接待："送故迎新，交错道路。受迎者，惟恐船马之不多见；送者，惟恨吏卒之常少。穷奢竭费，谓之忠义；省烦从简，呼为薄俗，转相仿效，流而不反。"此外，宋朝还曾有"凡点检或商议公事、出郊劝农等，皆准公筵"的规定，即官员下乡工作时可以公款吃喝。

另一盛世唐朝也将公款吃喝列入国家制度。中央到地方的各级行政机构都设有食堂与公厨，官员巡视时，地方也会进行接待。唐朝设有"公廨钱"，本意是补充办公经费，但基本用于官员补贴和吃喝。

有一个"鸡舌"的典故，曾被安在唐朝官员李绅身上，指他生活豪奢，尤其爱吃鸡舌。李绅曾历任御史中丞、户部侍郎、节度使和尚书右仆射门下侍郎等要职，拜赵国公。但真正使他名垂千古的还是那首小孩也会背的《悯农》，"谁知盘中餐，粒粒皆辛苦"早已是千古名句，提醒大家要爱惜粮食。也正因为《悯农》与鸡舌的巨大反差，一时成了网络热门话题。不过他与鸡舌的故事并未见诸史料，估计只是以讹传讹，但以其地位和唐朝风气，生活豪奢倒不会假。

堪称明朝第一名相的张居正同样豪奢，他有次返乡奔丧，各地官员纷纷巴结，对这位美食家投其所好，每餐菜肴多达上百道。但即使如此，张居正仍然觉得不值得动筷子。真定知府钱普平时烧得一手好菜，此时亲自上阵，才使张居正大快朵颐，发出"总算吃了顿饱饭"的感叹。

各朝皆有制度约束，但难执行

对于公款吃喝，大多数朝代都将之视为严重作风问题，并曾出台各种制度予以限制。如汉景帝时就曾立法,要求官员到任、离任及外出巡视时若接受宴请,必须自己掏钱埋单,否则将免官。最严苛的要算是北魏献文帝,他规定若官员在地方巡视时吃掉一只羊、喝掉一斛酒,就"罪至大辟",也就是判处死刑,同席吃喝者也有胁从罪名。

唐玄宗曾安于逸乐,胖子安禄山常去宫中混吃混喝,还演绎出不少桃色传说。可他享受了这么多的优厚待遇,居然还起兵造反,一场安史之乱直接将盛唐打至低谷,实在令后世李姓子孙火冒三丈。于是晚唐时又有规定,各地节度使来朝廷觐见皇帝以表忠心时,都得拿出点实际行动,这个实际行动就是自己掏腰包在皇宫里摆酒席,邀请皇帝与朝中官员出席,名为"买宴"。

买宴表面上看是将公款吃喝的花销转嫁给了官员,在一定程度上节省了国库开支,但熟悉官场运作的人都清楚,官员有各种办法可以将之再度转嫁,比如回自己单位报销,或者转给下级埋单,即使真的自掏腰包,也可以通过横征暴敛或者索贿将之讨回。

在吃喝风最盛,甚至将之制度化变成官员福利的宋朝,也曾立法整顿吃喝风,而且堪称历朝历代中立法最为详细的。如《庆元条法事类》记载,"诸道守任臣僚,无得非时聚会饮燕,以妨公务",各州县官"非遇圣节及赴本州公筵若假日,而用妓乐宴会者,杖八十"。《职制敕》则规定各官"预妓乐宴会者各徒二年,不应赴酒食而辄赴各杖一百"。从这一点来说,前述的"旬设"制度甚至有点"高薪养廉"的意味,希望借助公款吃喝的制度化,规定时间与规格,以此限制公款吃喝的次数。

湖州知州刘藻在任上"专事筵宴,库帑告竭",被降职罢官,前文提到的"一饮之费,率至千余缗"的王希吕、范成大与胡元质等人,也被宋孝宗"怒而诎之"。

宋朝文学家苏舜钦也曾因公款吃喝落马。他曾担任集贤校理、监进奏院(所谓进奏院,即藩镇节度使的驻京办),而且还有后台,老丈人杜衍时任宰相。有一回,他将公家的废纸卖掉,用所得买酒设宴,还招来乐妓助兴。结果被老丈人的政敌得知,立即指使御史弹劾,苏舜钦以"自盗"罪名被免职,并被赶出京城。

这些制度虽然对公款吃喝起到了一定约束作用,却无助于改变整个官场风气,大吃大喝之风贯穿于两宋,直至南宋灭亡。

明朝从一开始就对公款吃喝予以极大约束,但公款吃喝乃至迎来送往的密度却不亚于宋朝。明朝开国皇帝朱元璋出身低微,因此对官员腐败深恶痛绝,甚至到了矫枉过正的程度。他的制度建设直接影响了明朝官场生态,但遗憾的是,这种影响基本上是负面的。

明朝官秩分为九品十八级,俸禄分为十八等。正一品每年禄米一千石,俸钞三百贯,从九品禄米六十石,俸钞三十贯,这个俸禄其实只够官员勉强糊口,维持家庭基本开支,多养几个仆人丫鬟,立刻就会揭不开锅。如七品县官年俸只有九十石米,仅仅够二三十人吃一年,但县官除了家人外,还要养吏,老婆、孩子、办事人员都靠这九十石米,连吃饱都不可能,更别说生活了。如果没有其他收入,地方官根本活不下去。

迎来送往是明朝官员不可避免的官场规则。文学家袁宏道在万历年间当过吴县知县,上任几个月,就致信朋友大吐苦水,说人人都觉得做官好,其实做官真辛苦,做知县尤其苦,因为"上官如云,过客如雨",每天从早到晚都在接待。

吃喝作为交际的必要手段，与送礼一样

公款吃喝乃至迎来送往，之所以成为历朝历代都无法遏止的风气，与官场生态有着直接关系。

宗承灏曾在《灰色生存》中写道："中国古代官场是一个熟人社会，很多事玩来转去最终都要纠结在'人情'二字上面。……熟人社会的最大特点就是让人与人之间形成一种私人利益的对接管道，并通过这种管道把人与人联系起来，将各个点连成一条线，最后构成一张张无所不在的关系网。而灰色收入正是这一张张关系网捕进去的鱼和虾，网越大捕进去大鱼大虾的概率就越高。关系网越织越密，灰色收入也就愈演愈烈，并进而成为深度扭曲的人际关系的一种润滑剂。"在熟人社会里，人情大过天，官员无论是想升迁还是想自保，都必须通过付出大量交际成本来维系人情。

但与此同时，历朝历代官员的俸禄大多不高，要维系这种"灰色生存"，就需要更多灰色收入，这些灰色收入的重要来源就是公款。比如明朝，地方官的主要收入其实是地方财政收入的截留，即俗称的"火耗"，京官的主要收入则来自地方官的馈赠。

清朝曾以明朝为鉴，试图整顿风气，明令京官去地方，上级领导到下属单位，出差费用一律自理，地方和下属单位也不能宴请馈赠。可是清朝沿袭了明朝的低俸禄，京官待遇尤其低，因此外放或出差都成了发家致富的机会。

地方官为了升迁，也会尊重京官的"话语权"，常年孝敬。二者相互作用，形成了在皇权体制下根本无法动摇的利益链。在这种大背景下，动用公款吃喝简直就是"小儿科"的行为。

清朝道光年间的进士张集馨著有《道咸宦海见闻录》，该书也是后世研究官员灰色收入的重要资料。他曾在翰林院待了6年，后开始外调，宦海浮沉，历任山西朔平府知府、陕西督粮道、四川按察使、直隶布政使、河南布政使和福建布政使等职。他对自己的总结是："应酬不可谓不厚矣！"

他在福建当汀漳龙道台时，闽浙总督颜伯焘被革职，带着家眷、兵役、随从等三千多人回乡，途经漳城。当地备酒席请戏班，还送上"程敬"（以路费名义送出的礼金），共花一万两银子。当地官员显然是看重这名被革职官员背后仍然存在的官场网络。如果是钦差出巡过境，地方会先从财政里借出一笔巨款开销，最后由各州县和部门分摊，"大约每次摊派俱在三五万金"，用于吃喝接待和馈赠礼金。钦差往往故作姿态不肯接受礼金，地方官还得派人将礼金送往其京城私宅。如此到位的服务，只因钦差能在皇帝面前说上话。

在《道咸宦海见闻录》这本书中当然免不了关于吃喝的记录。张集馨担任陕西督粮道这一肥差时，终日迎来送往。从西安过路的官员，将军、巡抚都要请客，便由他承办，首先写请帖，他要把各官员姓名打听清楚，然后把帖子送到各官署验明，没错了，才发给过路官员，然后张灯结彩，准备宴席。

每场宴会有两个戏班唱戏，上席有五，中席十四。"上席必燕窝烧烤，中席亦鱼翅海参"，还有西安难得活鱼，上席每桌都要上条活鱼才够气派。如果档次不够，客人就会责怪督粮道悭吝。酒席要到深夜才结束。第二天还得为过客送行，赠送盘缠，厚薄则以官职尊卑而定，少则一二十两，多则三五百两。"每次宴会，连戏价、备赏、酒支杂支，总在二百余金。"

西安处于内地，吃喝还算便宜，张集馨在福建上任时摆酒，一桌菜要银元1600元,折合上千两白银。这种天价宴席,就算官府也吃不起,他只能将宴席规模从三桌降为一桌。

本地官员彼此间也少不了各种宴会,以联络感情。"官员终日送往迎来,听戏宴会;大宴会每月都有,小应酬则日日不断。"尤其是张集馨身为督粮道,更不能占着肥缺不会做人,到了年节,更是要请将军、巡抚宴会,还要赴外道府县进省者的宴请。这位爷等于全年下来,就是在胡吃海塞,行贿受贿。

清朝汪辉祖著有《学治续说》,曾大谈接待的重要性:这事儿处理不好,别说升迁了,恐怕连官位都保不住。他还认为,"凡有陋规之处,必多应酬。取之于民,用之于官,谚所谓'以公济公,非实宦橐也',历久相沿,已成常例"。

汉墓壁画《宴饮图》(局部)

讲和不丢人！

🈚 柳展雄

在漫长的历史中，战争似乎是唱主角的。据统计，从公元前3200年到公元1964年的五千多年中，世界上共发生战争14513次，只有329年是和平的。

"犯强汉者，虽远必诛。"何等慷慨激昂，何等痛快淋漓，但当敌我实力悬殊，是否非要进行一场你死我活的赌国运之战呢？

"战"的反面就是"和"。"和"通常是一种妥协的艺术，或给钱，或割地，总而言之，就是通过一定的利益支付达到息兵止戈的目的。

讲和在人类历史上早已有之，无论西方埃及艳后的政治联姻，还是中国两汉时的和亲政策，无不是以和为贵。在力量不如对手的时候，以低成本使国家暂时获得安全保障。

经过几千年的演变，讲和已经变成了国与国之间经常使用的外交手段，这比过去动辄开战的做法，不仅减少了生灵涂炭，还让世界进入现代秩序之中，使国家的运营成本更加合理。

宋朝用讲和换来宋辽百年和平

宋朝的"澶渊之盟"，无论从成本还是效果来看，都是讲和的典范,它使宋、辽之间保持了百年和平。

民间演义把宋真宗塑造成宋高宗的形象。事实上,宋真宗赵恒从小喜欢排兵布阵的打仗游戏,并不是怯懦之辈。999年9月,契丹犯边,宋真宗御驾亲征,打赢裴村之战,击退辽军。1004年,辽军再度入侵,深入宋朝境内,真宗第二次亲征,至澶州督战,这也不是寇准逼的。

在人们印象中,宋朝总是积贫积弱。其实,宋军一点儿也不弱,辽国南侵的途中,打了三次败仗,损失最大的瀛州之战,伤亡三万多人。抵达澶州后,统军萧挞凛自恃勇武,率数十轻骑在城下巡视,结果被伏弩射杀,头部中箭坠马而亡,辽军士气受挫。在腹背受敌的情况下,萧太后只得罢兵议和,是为"澶渊之盟"。

"澶渊之盟"的性质,和后来秦桧、贾似道签订的耻辱合约完全不同。南宋先后对金、元称臣,但在"澶渊之盟"中,宋、辽约为兄弟之国,地位平等,而且从辈分上讲,宋朝还占了便宜——辽圣宗年幼,管宋真宗叫大哥。《辽史》讳言自家皇帝当了小弟,便委婉地称萧太后当了人家叔母。在领土问题上,宋朝也是寸土不让。萧太后开战的借口就是,后周从辽手中占据了关南十县地,契丹人要讨回来。宋真宗的态度是可以给钱,坚决不能给地。

宋朝谈判代表曹利用出使之前,真宗出价底线是一百万两白银,而寇准则出价更少,只给三十万两。

契丹总共不过百万人口,天天打猎游牧,哪里能懂富豪的世界?遂提出了一个在契丹人看来数目极大的开价——三十万两。面对如此开价,曹利用真是做梦都笑出声来,这买卖自然很顺利地谈下来了。

曹利用回来请见时,皇帝正在吃饭,侍者就问曹利用许给契

宋真宗画像

丹多少银两。曹利用没有说话，只是伸出三个手指放在额头上，意思是三十万两。

侍者误以为是三百万两，真宗得知后大惊："太多了，太多了。"便召见他亲自询问。曹利用战战兢兢地答道："三十万两。"

赵恒听完嘀咕一声："才三十万，这么少。"

三十万确实是很小的数字，相当于一个经济发达州府一年的财政收入；但对于契丹国而言，却是一笔巨款。宋每年输辽银十万两、绢二十万匹的岁币。看上去吃亏，但如果打一场大规模战争，军费要三千万两，成本远高于岁币。再考虑到两国的边境贸易当中，先进的宋朝占优势，仅茶叶一项的入超就能弥补岁币。

这应该是中国历史上最划算的一笔讲和买卖，创造了双赢的结局，贫穷的契丹获得了一份稳定的收入，北宋则了却最大的边患，为仁宗朝的文治巅峰创造了条件。

边境自此"生育繁息，牛羊被野，戴白之人（白发长者），不识干戈"，在接下来100多年的宋辽和平时期内，宋朝创造了后人再难比肩的灿烂文明。

难道宋朝真的是丧权辱国吗？史学家黄仁宇说了句公道话："澶渊之盟是一种地缘政治的产物，表示着两种带竞争性的体制在地域上一度保持到力量的平衡。"

宋朝也不是不思进取，宋神宗留下遗训，恢复燕云者封王。可以说宋朝初年的隐忍，只是力量不足时的权宜之计。到了北宋末年，他们在辽国虚弱时也与金国订下"海上之盟"，谋夺回燕云十六州，但那已是另一个故事了。

内忧外患的明朝，因为死不讲和失去了最后的生存机会

在民间流传一种看法：大明朝是"不和亲，不割地，不输款，天子守国门"。这等豪言壮语虽无确据，但大明270余年历史，好像的确是这么做的，只是到头来，强硬反被强硬误。

大明朝的强硬一直持续到17世纪崇祯皇帝当朝，只是这时的大明早已外强中干，连年天灾，断绝了国家的税收，导致大批百姓造反起义，而外部也有强大的敌人——后金崛起，大明朝进入了生死存亡之时。

陈新甲，时任兵部尚书，主持明朝最后一次对后金的和谈。当时，松锦之战即将结束，明朝失去对东北的控制权，而南方的李自成、张献忠横扫中原，官军两线作战，左支右绌，疲于奔命。

即使强硬如大明，也不会在这样的局势下死心眼到底。陈新甲主张与后金暂时达成和议，缓解危机。但一向愤怒惯了的大明朝野很难扭转牛脾气。之前，大明朝已经有过两次议和，结果袁崇焕以"谋款通敌"之罪被磔，支持他的内阁大臣钱龙锡被发配边疆；杨嗣昌主持议和，弄得举朝哗然，被迫辞职。

有了前车之鉴，这次和谈不得不私下进行。陈新甲派遣手下马绍愉潜入沈阳，携带崇祯敕书，与皇太极议和。虽然皇太极认为和谈"真伪不得而知"，但他还是本着和平友好共处的原则，做出回复，派人保护信使回国。

马绍愉返回京师后，将情况写成书面材料，呈送上来，陈新甲赶着上朝议事，就将信件随手放在一边。

接下来，历史给大明开了一个大玩笑。秘书把办公桌上的密件误以为是公开报告，未请示领导就开始抄传，拿到邸报（当时的政府机关报）上发表了。这一下可惹了大祸，本来是保密的议和过程，

崇祯皇帝

一下子被群臣百官览阅，朝野为之哗然，很多大臣上书弹劾。

即使强势如崇祯皇帝也压制不住愤怒的文官群体。朝野上下一致坚定地认为大明与后金势不两立，主和之人无一不身负恶名。

陈新甲也有错，他作为国防部的最高长官，没有丝毫保密意识，以致机密文件外传。最终，崇祯只得将陈新甲抛出平息舆论，可怜这位国防部长被斩首弃市，明朝也失去了起死回生的最后机会。

两年后崇祯上吊煤山，死前遗言有一句"诸臣误我"。真不知道他说的是陈新甲，还是那些反对议和的"满朝忠正"。

不遵守游戏规则的清朝把英国公使当皮球踢，结果踢来了洋枪洋炮

拿近代史上的中国和日本进行对比，成了人们的一个习惯。在大家传统的印象里，清朝不懂近代国际秩序，而日本则是欺软怕硬。实际上，清朝与其说是无知愚蠢，不如说是小聪明太多。

江户幕府和普鲁士建交，由于不了解德国正在统一的特殊情况，日本人以为只和普鲁士一国签"不平等条约"，结果对方把参加德意志关税同盟各诸侯国通通算进去。日本全权代表堀利熙发现吃了大亏，为此忧愤自杀。

反观清朝，耆英在修订《南京条约》的时候，想的不是和战大局，而是用人情笼络英方公使璞鼎查，给璞鼎查的大儿子做干爹，还互相交换老婆的照片。

《南京条约》的签订是国家的奇耻大辱，可回到历史现场，当时的清廷完全不把它当回事。《南京条约》签订后，签约文本一直存放在两广总督衙门，从未颁行过。两江总督何桂清曾向咸丰奏报，历来办理夷务的大臣，只知道有和约之名，而未见其文。而

大部分下级官员根本不知道清廷签过这一条约。

《南京条约》签完后,西方列强相继模仿英国,和清政府签约,其中就有一项解禁基督教的条令。法国修士感谢天主的恩赐,兴冲冲跑到内地去传教,结果地方官员不知道朝廷下达了宗教弛禁令,把福音拦在门外。1845 年 8 月,法国人向清政府抗议,强烈要求中方公布弛禁令,半年后道光帝不情愿地下令:各地官吏不得查禁天主教。

条约体系建立后,原本的蛮夷与天朝平等相待,让人有些不习惯。官府在战场上打不过洋人,暗中怂恿民众今天烧洋人的铺子、明天砸使节的公馆,原本繁华的广州也日渐衰落。

其他的通商口岸更是如此:厦门所谓的贸易,更多的是劳工出口;宁波更不值一提,1850 年的海关收入只有 110 余两;福州的情况更差,最先来到福州的是一艘美国船,停在港口一个月都没人理睬,无奈只好减价,可是减价也没生意,1846 年到 1847 年,再也没有一艘外国船到福州做生意。清政府成功地维持了"闭关锁国"的奇迹。

英国人哀叹,五口通商徒有虚名,要不是还有个上海,《南京条约》简直成了一纸空文。

无奈之下,英国公使找清朝高层上访,先找到了两江总督,但两江总督告诉他们,只有两广总督能代理夷务;公使只得再找两广总督,两广总督说,他虽是钦差,却无便宜行事之权,外交事务都须皇帝恩准。

英国人最后来到天津,希望直隶总督替他们投书皇帝,直隶总督回复:夷务全归两广总督管,请南下回广东。而两广总督早在给皇帝的密折附片里留了一手:夷人有什么事,只管往地方推。

1857年,英国人受够了清廷君臣互相"踢皮球",操起洋枪洋炮,进入北京城讨要说法。

英国人发动的战争,还有个意外收获,军队攻下广州时,发现了耆英的奏折,这厮当面认外国干儿子,背地里向皇帝解释这是"驯兽"之道,对付"犬羊之性"的蛮夷要虚与委蛇。

英法联军打到天津后,清朝再次派耆英参加和谈。双方会面时,英国人拿出这份奏折,当面朗诵耆英背后骂夷人的句子,然后向耆英表示,以后再也不想见到他。

铁血宰相俾斯麦最懂得讲和的艺术——打赢了也得见好就收

俾斯麦或许是被误解最深的政治人物,世界名人语录簿不会漏掉这句:"当代重大问题不是演说和多数的决议所能解决的,而必须用铁和血来解决。"这条格言让很多青年热血沸腾,但是俾斯麦讲这句话的背景却鲜为人知。

铁血宰相不是向敌国喊话,而是当议会否决他的提案时,俾斯麦才发飙撒泼。人家针对的,可不是外部敌人。

如果仅仅靠强大的武力就能取胜,那么德国早在腓特烈大帝的时代就该统一了。俾斯麦不是穷兵黩武的鹰派,而是灵活务实的外交官。在普法战争后,俾斯麦不主张割去洛林与阿尔萨斯,一直摆出法德和解的姿态。

面对庞大的俄国,俾斯麦安抚和好,从来不把他们当作劣等斯拉夫人。"没有永恒的朋友,也没有永恒的敌人,只有永恒的利益",这才是俾斯麦的真正信条。历数统一德意志的进程,普奥战争最为反复曲折。传统上,哈布斯堡家族是神圣罗马帝国的正宗嫡传,许多民族主义者希望由奥地利领导日耳曼人,是为"大德意志"方案。俾斯麦的算盘则是踢出奥地利,宁可要一个"小德意志",也不要全体日耳曼的大一统。

战争开始前,欧洲的观察家普遍认为奥地利会获胜,俾斯麦本人对于军事胜利也无绝对把握,他是怀揣毒药上的前线。在萨多瓦会战中,依靠大胆的战略、参谋本部的计划还有及时赶到的后备军,普军打了一场漂亮的战役,但后面发生的事更为重要。

在大获全胜的时刻,俾斯麦要求见好就收,及时撤退,用他自己的原话,这是"往国王和将军手中的香槟酒里泼冷水"。军人们只想着光荣的胜利,长驱直入占领维也纳,迫使对手缔结城下之盟。俾斯麦毫不客气地指出,这样只会让法国人渔翁得利,只怕普军未入维也纳,法军已过莱茵河。

威廉一世表态,普鲁士的军队必须在维也纳举行凯旋仪式,奥地利必须受到割让土地的惩罚。无计可施的俾斯麦断然递交了辞呈,然后发飙撒泼打碎瓷器,甚至萌生跳楼自杀的念头。关键时刻,王储出来调解,国王终于遵从了俾斯麦的建议。普奥签订了《布拉格条约》,德意志南部的诸侯与哈布斯堡王朝脱离臣属关系,和普鲁士结成联邦。

对失败者奥地利来说,这算是一份宽大体面的和约。在接下来的普法战争中,奥地利并没有想复仇而支持法国,从此之后直到第一次世界大战,哈布斯堡家族一直是德国忠心的跟随者。

雍正篡位考

🅧 杨津涛

1722年12月20日，被后人称为"千古一帝"的康熙已病入膏肓，他在弥留之际，召集了八阿哥胤禩等七位皇子和隆科多到龙榻前。注意，这里没有四阿哥胤禛。据官方消息称，康熙传下口谕："雍亲王皇四子胤禛，人品贵重，深肖朕躬，必能克承大统，着继朕登基，即皇帝位。"当天傍晚，康熙驾崩。

国不可一日无君，随后赶来的四阿哥胤禛在兄弟、大臣们的哭求下，"勉为其难"地登上了天子宝座，这就是雍正皇帝。

以上就是正史中记载的四爷胤禛入继大统的版本。然而，这并非唯一版本。康熙朝的储位之争前后数十年，自皇太子胤礽第二次被废黜后，兄弟们更是明枪暗箭地斗了十年。到头来，大家看着四爷君临天下，心里很不痛快，只能造点谣言，给新君找点晦气。

于是民间有了另外的版本——四爷勾结大臣，将遗诏上原本的"传位十四子"改为"传位于四子"。如此一来，四爷从先帝指定的真命天子，变成了篡改遗诏、抢夺皇位的乱臣贼子。

雍正篡位或许是古往今来关于皇帝继位最著名、最具有悬疑性、传播最广、影响最大的一条谣言。这一充满了离奇内容的传说，如同长出了翅膀，迅速传播，雍正皇帝在位时已经搞得街知巷闻,满城风雨,以至于雍正皇帝要亲自主编一部《大义觉迷录》对种种谣言一一批驳。但是谣言没有止于"真相",雍正公布了文章开头的权威说法后,谣言反而传播得更加厉害,以至家喻户晓。即使在今时今日,"康熙遗诏原本"公开展出后,依旧没法消除这流传了几百年的谣言。

谣言总是含有信息性、未知性、重要性、传播性四大特征

美国社会学家纳普搜集了1942年1000条战争谣言进行分析,得出了谣言的三个特性——信息性、传播性、未知性。美国学者奥尔波特又在《谣言心理学》中总结出重要性、含糊性两点。

如果我们将这两项研究合并,就会发现未知性和含糊性说的其实是一回事,都是指某些内容无法得到证实,以致信息残缺,充满未知。

归纳起来,一条谣言的形成需要四个要素——信息性、未知性、重要性、传播性。这在雍正篡位谣言的案例中一一验证。法国学者让-诺埃尔·卡普费雷写了一本《谣言:世界最古老的传媒》,这个书名很好地诠释了谣言的信息性特征。对于皇帝更替这个重要事件,雍正篡位正好是一种信息,包含了神秘的皇权如何移交,雍正与康熙、十四阿哥胤禵、隆科多等人之间的恩怨关系等人们喜闻乐见的政治八卦。

在信息性的要素中,还有一点关键——信息的某种真实性。让-诺埃尔·卡普费雷说,想让人相信一个谣言,必须有一个"真实的核心"。也就是说,即使是谣言,它的信息也要有一部分是真的。

阿哥们挖空心思想出来的几条篡位说法,都抓住了一点——康熙晚年看重十四阿哥胤禵,让他在西北建功立业,就是为传位

做准备。这也解释了为什么当时关于胤禛篡位的谣言，都和十四阿哥有关了。民间盛传，康熙病重时，胤禵率兵在青海打仗。康熙为传皇位，急召胤禵回京，但这份圣旨被隆科多扣留了下来。隆科多矫诏，让外甥胤禛来到康熙榻前，成为皇位继承者。

另外还有两个谣言传播甚广，一是说康熙遗诏原本写的是"传位十四子"，但被篡改成"传位于四子"；二是说雍正端来一碗人参汤，康熙喝完后就驾崩了。随后雍正将胤禵调回囚禁。太后要见儿子胤禵，雍正不让，太后就在铁柱上撞死了。

斯坦福大学的柴普·希斯教授说："大脑的构造机能决定了我们更容易记住具体、感性的信息，而不是抽象的内容。"因此信息越多的谣言，越容易被传播。

对于谣言的"未知性"，奥尔波特分析了几点原因：

首先，缺少新闻或新闻太粗略。清朝一没有新闻媒体跟踪报道，二没有政府的信息公开。对新皇继位这样的重大事件，老百姓只能知道一个结果：老皇帝康熙龙驭归天，四阿哥承继大统。然后呢？没了。

其次，对于百姓而言，他们得到的信息绝对是矛盾的。康熙晚年看重十四子胤禵，封他做抚远大将军，使用亲王规格的正黄旗纛，对外称"大将军王"，如御驾亲征。让胤禵在青海建功立业，这在老百姓看来，无疑是康熙爷为传位做准备，让十四爷做了没有名分的储君。谁知最后当皇帝的不是十四爷，而是四爷。

最后，当年宫廷政治都属于暗箱操作，不像现在的英国王室，一举一动都处在镁光灯下。通过戏曲、小说了解历史的人们，想象中的继位故事一定惊心动魄，即使没有隋炀帝那样的弑父情节，怎么也要有点宋太祖"斧声烛影"的离奇。所以普通老百姓极易相信改诏篡位的传说。

雍正在发布了辟谣性质的《大义觉迷录》后，老百姓会凭生活经验，下一个"解释就是掩饰"的判断。他们嘴上为皇帝鸣不平，心里其实早就信了惊心动魄的篡位故事。

事实证明，雍正的辟谣举措是失败的。他不知道现代传播学，相信辟谣和相信谣言遵循的是同一逻辑，只有当辟谣的人身份绝对权威，对事件有足够透明度，且人们都愿意相信时，辟谣行为才能有效。清廷作为一个非民选政府，任何决策都是极其封闭的，因而即使雍正贵为皇帝，他的话同样缺少公信力。

此外，某些紧张情绪也会使人们不相信事实。雍正对兄弟们不怎么好是事实，一即位就召同母弟弟胤禵回京，先让他去给先皇守陵，没几年就给软禁了。八爷党下场更惨，八阿哥胤禩、九阿哥胤禟分别被改名为"阿其那"和"塞思黑"。这两个满语词的确切含义已不得而知，大概是讨厌的狗、令人厌恶的猪之类。他们后来都被折磨至死。传说中参与了篡位密谋的年羹尧、隆科多也惨死狱中，被民间看作是杀人灭口。

美国社会学家希布塔尼曾有一个解释谣言的经典公式，即"谣言＝事件的重要性 × 事件的模糊性"。在当时的中国，一个最重要的事情碰上一个最模糊的状况，得到的自然是一个最大的谣言。

皇帝是天下之主，国家的一切运行都是以皇帝为核心的，没有什么事情比最高统治权的更迭更重要。在没有选举的年代，老百姓只能期望出现一位仁慈的好皇帝，能轻徭薄赋，能勤俭节约，能不折腾。那时每逢新皇继位，想必人们都会默默祷告，要出一个唐太宗，而不是商纣王！

康熙当了61年的天子，一生中除鳌拜、平三藩、扫平准噶尔、大胜雅克萨,建立了前无古人的文治武功,他会选谁来接班?康熙的儿子又太多,成年的就有二十几个,如果站一排,肯定让人眼花缭乱。

新皇继位问题,不仅国内老百姓很关心,中国的友邦朝鲜也密切关注。《李朝实录》的说法是,康熙病重时说:"第四子雍亲王胤禛最贤,我死后立为嗣皇。胤禛第二子有英雄气象,必封为太子。"藩属关注宗主国没有问题,只是他们这句话让另一个谣言传了好几百年,那就是康熙属意弘历,所以才传位胤禛。

民间也知道,康熙为立储问题伤透了脑筋,两次废黜太子,皇子们各自结党,皇长子党、四爷党和八爷党在朝中各有一方势力,互不相让,最后胤禛完胜。官员与百姓显然都急于想了解新皇继位的内幕。

雍正篡位谣言有了以上几点做铺垫,还怕没有传播性吗?尤其是在雍正推动下,掀起《大义觉迷录》的全民阅读热后,原本少数人私下里说说的事情,读书人一下都知道了,很快不识字的老百姓也从地方士绅那里,听说了皇位继承的各种疑点。

人有分享的欲望。很多时候,我们讲政治八卦,不见得自己相信,其实就是出于一种"我知道,你不知道"的炫耀心理。大家都想炫耀,于是一传十、十传百,雍正篡位谣言就成了老百姓茶余饭后的必备话题。

雍正不管是作为皇子,还是作为皇帝,都算得上成功了。如果说他一生做了什么蠢事的话,那就是让《大义觉迷录》成了畅销书。本来大家说起来心惊胆战的事,一下成了人人能说的事。于是这条本属皇家私密的谣言,得到了正当的传播渠道,使得妇孺皆知了。

雍正皇帝

谣言迎合了恐惧、猎奇、希望和仇恨四种心态

奥尔波特在《谣言心理学》中总结,谣言迎合了大众的四种心理状态:恐惧、猎奇、希望和仇恨。在雍正篡位的谣言中,比较明显地体现出来的是仇恨和猎奇。四爷党取得了政治斗争的胜利,十三爷胤祥及田文镜、张廷玉等一批大臣成了显贵。原本八爷党的成员,即使没有革职查办,也都从此升迁无望,他们对雍正肯定心怀怨恨,知道了新皇帝的丑闻,也就不管真假见人就说,使篡位谣言先是在京师官员圈子里流传,很快扩散到了全国各地。

在这个谣言样本中,那些被发配到边疆的八爷死党,对新皇帝肯定恨得直咬牙。他们在所经过的地方,对任何人都大讲雍正谋朝篡位的故事。老百姓相信谣言,一则出于猎奇的心理,二则出于对说话人身份的信服——宫中人的说法不会是毫无根据的。

老百姓虽然对谁继位当皇帝这件事很关心,但是毕竟不管谁当皇帝,自己都要种地、纳税。失意皇子们散布的雍正篡位谣言,到了老百姓耳朵里,其实就是一个传奇故事,就像戏台上《狸猫换太子》的现实版。到了20世纪初的《满清十三朝宫闱秘史》里,帮胤禛改诏书的就成了江湖侠客。

还有人参照秦始皇和吕不韦的传说,说隆科多和胤禛母亲私通,生下胤禛。后来就是隆科多修改遗诏,让私生子当了皇帝。雍正要掩盖丑闻,杀了本是亲生父亲的隆科多。这恰好说明,编谣言的人如果依据已有传说,更能增加谣言可信度。谣言传到后来已经和八阿哥、曾静说的大不一样了。这些谣言一直传到今天,成了拍摄清宫影视剧的绝好题材。

关于康熙选胤禛即位,还有一种谣言——康熙让老四当皇帝,为的是以后让弘历接班。仅就辟谣这一点上来看,乾隆比他老

父雍正确实聪明多了。乾隆一上台,就把流行多年的畅销书《大义觉迷录》给禁了——这种宣扬宫廷丑事的东西,本来就不该出! 被雍正宽恕的曾静、张熙也和他们的"精神导师"吕留良一样治罪,被凌迟处死。

雍正篡位的谣言就此结束了吗? 当然没有。民间很快又有了新的理解:看来雍正爷的辩解不能让大家心服,所以乾隆爷干脆不辩解了。

皇权与谣言

✖ 王戡

美国学者孔飞力的《叫魂》讲述了一个谣言传播的实例：清乾隆三十三年（1768），浙江省德清县城东侧的水门和石桥塌了，石匠们打桩入河，重修门桥。这再平常不过的工程，却因谣言掀起一起波及半个中国的大事件。

谣言的最初版本是，石匠需要将活人的名字写在纸上，贴在木桩顶部打入水中，"给大锤的撞击添加某种精神的力量"，方能立住水门、架好石桥。名字被打入水底的人，会被窃去精气，轻则生病，重则死亡，这种妖术被称为"叫魂"。最初，还真有人试图行贿石匠照此行事，报复亲友，结果被扭送官府，戴枷示众。

然而谣言在传播中很快变了形，先是被打入水底的对象由名字变成了发辫、衣襟，继而演变出剪人发辫扎入纸人、纸马，即可驱之取人钱财的传言。当各地都出现"叫魂者"以药粉将人迷倒而后剪走发辫，被捕之后还宣称有人指使时，此事终于惊动了乾隆皇帝。乾隆皇帝连下谕旨：穷追到底。可是地方大员却发现"叫魂"不过是屈打成招后的胡言乱语，一切都来自小吏为勒索钱财编造的罪证，以及下级对来自上级的、群臣对来自皇帝的压力的顺从。孔飞力总结道："毫无疑问，在整个叫魂案中，首席原告自始至终就是皇帝本人。"

乾隆皇帝

事虽如此，乾隆皇帝认定"叫魂"背后隐藏着巨大的力量，继而对其穷追不舍的行径，正显示出帝王和官府对谣言的深恶痛绝。

"谣言"一词，原本并无贬义。南朝字书《玉篇》对"谣"的解释是"徒歌也"，也就是民间的歌谣。《孔丛子·巡狩篇》说"古者天子命史采歌谣，以观民风"，《诗经》正由此而来。汉朝的乐府也有"自孝武立乐府而采歌谣，于是有代、赵之讴，秦、楚之风，皆感于哀乐，缘事而发，亦可以观风俗，知薄厚云"的来头，将休闲娱乐与体察民风等量齐观。

只不过，民间的歌谣多种多样，既有"赫赫明明，王命卿士"的歌颂，也有"硕鼠硕鼠，无食我黍"的感叹，还有"举秀才，不知书。举孝廉，父别居。寒素清白浊如泥，高第良将怯如鸡"的赤裸裸的讽刺，更有"岁在甲子，天下大吉""莫道石人一只眼，此物一出天下反"等煽动造反的舆论准备。

在谣言进化的同时，官府的压制手段也是代有更新。西周的厉王还只是"防民之口，甚于防川"，以预防手段压制言论。到秦朝已经进化为"诽谤者族，偶语者弃市"的成文法则，民众随时可能因言丧命，但即使如此，也没能阻止"楚虽三户，亡秦必楚"的传播和实现。

对谣言的压制，只会越来越严，唐有来俊臣，明有锦衣卫，从"散布校尉，远近侦伺"到罗织罪名，置之死地，已经形成了弹压谣言的一条龙操作。

其实，帝王对谣言并非一味压制。在南北朝，皇帝甚至要"分遣内侍，周省四方，观政听谣，访贤举滞"，视之为体察民情的良方。很多时候，帝王还会利用谣言来惩治腐败、平衡权斗、绥靖群臣。

早在汉朝,皇帝便"令三公谣言奏事",允许朝廷高级官员以民间言论上达天听。这一制度载沉载浮,时断时续。

南朝宋武帝刘裕时,尚书仆射王弘弹劾世子左卫率谢灵运报复杀人,因无确凿证据,在奏文中特别指出"内台旧体,不得用风声举弹",但"此事彰赫,曝之朝野",自己身为监察官员,如果因循旧制,"则终莫之纠正",所以才出声奏弹,最后还称"违旧之愆,伏须准裁",请皇帝对自己的违制行为予以惩罚。

刘裕从善如流,下旨:"端右肃正风轨,诚副所期,岂拘常仪?自今为永制。"此后"风闻奏事"方为历代所继承,引为监察官员的重要权责。

到了唐朝,御史在弹劾官员时,即使有明确来源,也可以"略其姓名,皆云风闻访知"。

到了宋朝,"风闻奏事"更形成制度,"不问其言所从来,又不责言之必实。若他人言不实,即得诬告及上书诈不实之罪。谏官、御史则虽失实,亦不加罪"。

宋史学者王曾瑜对此评论道:"事实证明,特别是许多埋藏很深的腐败问题,是很难揭发的。如果以揭发不实处以诬告、诬蔑等罪,就等于杜绝了谏诤和纠劾之路,必须允许所论的人和事与实际情况有出入,而实行言者无罪。"他还认为这项制度"时至今日,仍不失其借鉴意义"。

然而,缺乏限制的权力必然走向失控,风闻言事也很快成为群臣党争倾轧的工具。明朝虽然将御史"得以风闻言事,激浊扬清"写入成文法典,却也明定"风宪官挟私弹事,有不实者",按诬告罪论处。

清朝又有左都御史艾元徵上疏请禁风闻言事,几经反复也未能成功,反而出现了更为严密的谣言上传体系——"密折"制度。

皇帝甚至会主动向臣下询问小道消息,康熙皇帝曾在苏州织造李煦的奏折上批示:"近日闻得南方有许多闲言,无中作有,议论大小事。朕无可以托人打听,尔等受恩深重,但有所闻,可以亲手书折奏闻才好。此话断不可叫人知道,若有人知,尔即招祸矣。"康熙夹杂着好奇和恐惧的八卦心态跃然纸上。

无论风闻言事的制度如何,历代帝王总归是要将对谣言的运用掌握在自己手中,才是驾驭群臣、治国安疆的核心所在。更显著的例子发生在清末,19世纪末年,一股关于洋人医院挖小孩眼睛制迷药、神父用特制器具吸男童阳精等稀奇古怪的谣言悄然而起,时载:"讹言横兴,莫甚于光绪二十六年夏秋之交也。""谣言谬说,日盈于耳。"

被这些谣言激起的是一场被后世誉为"反帝爱国"的义和团运动。在这场运动中,清廷对义和团的态度最为典型,先是对谣言听之任之,放纵义和团与洋人作对,甚至派大臣刚毅等人"导拳匪入京",借团灭洋;当战争失败之后,清廷对义和团如弃敝履,发上谕曰,"此案初起,义和团实为肇祸之由,……即着该护督饬地方文武,严行查办,务净根株",将义和团当成替罪羊,极力剿灭。对于朝廷来说,各种翻云覆雨的手段,归根结底,目的就是控制,他们追求的是一切尽在掌握中。

和珅跌倒，嘉庆吃饱？

文 李夏恩

对吴熊光来说，1799年2月7日可能是他一生中最难忘的日子，这一天既被称为嘉庆四年正月初三，但同时也被称为乾隆六十四年正月初三，老黄历上同时印刷两个年号，全国铸造的钱币也是乾隆、嘉庆各半，甚至专门记载皇帝日常生活的《起居注》也有两本，一本以"嘉庆"纪年，一本以"乾隆"纪年。

毫无疑问，在那一天之前，从作为一国之君的嘉庆皇帝到最底层的百姓，每个人都活在太上皇乾隆的长长余荫或是阴影之下，但究竟是这两者中的哪一种，见仁见智。

在吴熊光身上，可能阴影比余荫更大一些，尽管他曾被太上皇特简入值军机处，参与枢要，但未及半年，即被乾隆的宠臣和珅排挤出京，改任直隶布政使。

但这一切，都将随着这一天太阳升起的那一刻而彻底改变——1799年2月7日清晨7点，乾隆六十四年正月初三辰时，太上皇乾隆驾崩。从此清朝只有一个年号、一种钱币、一位皇帝。

这天晚些时候，吴熊光赶赴宫中，向他的前主子乾隆皇帝表示最后的敬意，也因此见证了历史转折时刻的来临——他被嘉庆皇帝秘密召见，被询问对一个人的看法，这个人就是在两年前将他排挤出军机处的乾隆宠臣、首席军机大臣、举国势焰最炽的权臣和珅。

皇帝的言语中已经体现出明确意旨："人言和珅有歹心。"

这是一个信号，说明新君嘉庆已经对老爹宠信有加的这位权臣憎恶至极，歹心可不是指贪腐之心，而是暗忖其有谋逆之心，实乃五行山一般的罪名。然后，事情就变得很简单了：和珅跌倒。

同年2月22日，和珅被以迅雷不及掩耳之势赐死在狱中。次日，皇帝宣布和珅一案了结。人死了，余者也不搞株连。案子已经结束了，但真正让人好奇的是：和大人到底贪污了多少钱？

和珅家产有多少？

1799年2月26日，就在皇帝宣布和珅一案结案的三天后，直隶布政使吴熊光的一份奏折被呈递到皇帝手中。奏折中，吴熊光对皇帝的"仁至义尽，折衷至当"表示深深的钦佩。因为皇帝表示对和珅及其家人隐匿寄顿在民间的财产放过一马，因为这些财产不会产生任何危害，但"若稍滋事，所损大矣"，要吴熊光"慎之"。

皇帝的大度只是表面的，实际上嘉庆皇帝一分钟也没放松过对和珅财产的觊觎。在另一份来自内务府的密奏里，三位皇室宗亲——肃亲王永锡、贝勒绵懿和新任总管内务府大臣永来，将在海甸查抄和珅及其同党的福长安花园财产的情况，缮写清单供呈御览。

皇帝没有在这份奏折上作任何批复，但显然，他对这一切的处理很满意。因为在同一日谕旨（当然是密旨）中，皇帝下令将"和珅、福长安花园内金银器皿、银钱、房间并内监交内务府入宫办理，玉器、衣服、什物照例交崇文门分别拣选进呈"。

和珅画像

皇帝从来没有像在吴熊光奏折御批中表现的那样宽容大度，他的眼睛始终盯在和珅的家产上。那么皇帝为何对查抄和珅的家产如此用心？难道真的像后世笔记中所说的一样，"和珅跌倒，嘉庆吃饱"？

从史梦兰的《止园笔谈》到薛福成的《庸盦笔记》、欧阳昱的《见闻琐录》、无名氏的《殛珅志略》，再到徐珂的《清稗类钞》、天台野叟的《大清见闻录》，一份"和珅家产清单"通过这些好事文士的稗史笔记在民间流行。

在这份清单中，和珅没有悬念地成为贪污之王。清单记载，和珅被抄家产共计109号，内有83号尚未估价，已估者26号，合算共计银22389万余两。按照《梼杌近志》中的统计，"其家财先后抄出凡百有九号，就中估价者二十六号，已值二百二十三兆两有奇。未估者尚八十三号，论者谓以此比例算之，又当八百兆两有奇"。这也正是时下流传的"和珅家产达到8亿两，相当于清朝十余年财政收入总和"传闻的来源。

但经常被人忽略的一点是，《梼杌近志》这本书初版于1910年，并且被收入革命党人胡朴安的《满清野史》当中，而胡本人很可能正是这些清单真正的作者。所以对革命党而言，这个天文数字般的贪污记录更具革命文宣的功能："甲午、庚子两次偿金总额，仅和珅一人之家产足以当之。"国耻与贪腐紧密相连，足以唤起民众激愤之心。而和珅贪污8亿两的传说，也由此扩散开来，成为今天的不易之论。

那么，和珅的家产究竟有多少？考虑到档案缺失的缘故，这个数字至今尚难计算。一份保存在中国第一历史档案馆、名为《和珅犯罪全案》的档案中包含一份详尽的《预览抄产单》，看似可以解答这个问题,但其真实性,经过冯作哲的严密考证,已经被证明是道光年间的产物,错漏百出。

这份所谓的"全案",实际上恰恰是后世那些以讹传讹的稗史笔记的源头。所以,唯一可信的史料,就只有上谕、参与查抄臣僚的奏折和内务府的折片,而这里面的数字加在一起,总数甚至不会超过4000万两白银,更保守的估计,则指出这个数字也许仅在1000万两上下——这恐怕是这个贪污之王家产真正的极限了。

和珅的家产都去哪了?

和珅家产的真实数字诚然令人失望,但在嘉庆看来,也已经是一个令人心动的数字了。清中叶户部最丰裕的时候,也只有800万两白银左右。考虑到当时川陕白莲教起事,朝廷连年征剿,大笔银两被投入到平弭内乱的无底洞中,所以和珅的这笔被查抄财产,可谓雪中送炭,足以为前线官兵再添助力。当然,前提是这笔钱确实被用在军费开支上。

很少有人追问这笔钱款的去向,也很少有人注意到查抄家产的奏折中频繁出现的"内务府"及其下属的"广储司",而这个部门恰恰是和珅被查抄家产的真正去向——它们既没有被存入国库之中以备不时之需,也没有成为军费支援前线官兵,而是分类按批进入内务府的不同部门之中。

内务府可能是有清一朝最神秘的部门之一,其神秘性不在于组织结构和职官设置,这些都很容易在公开发行的《大清会典》中查到。它的神秘之处在于,这是一个由政治可靠的亲信执掌的皇帝的"私人钱箱"。

从乾隆朝以来,每年国库都会固定向内务府划拨60万两白银用于皇室支出，但可以肯定，内务府的收入绝不止此数。

被嘉庆赐死的和珅就曾经主管内务府，深知个中玄机。这个精于敛财之道的臣僚在内务府总管任上颇得乾隆圣心。

乾隆时期实行议罪银制度。皇帝在得知官员过误后，会寄一道密谕给该官员，当官员战战兢兢地读完皇帝的严厉申斥后，看到御批最末的"自行议罪"和"自问该当何罪"时，就明白到了该掏钱的时刻了。如果皇帝对官员认缴的罚款满意，就会在奏折的后面批上一个"览"字，待官员将罚金如数缴上后，这笔君臣间的交易就算圆满完成了。这当然是一笔秘密的一锤子买卖。

大部分的议罪银交易都会仔细记录在一份名为《密记档》的档案中。有学者统计，从1749年议罪银制度初具雏形到1805年嘉庆皇帝废除该制度，其间共有110宗罚议罪银案例，最盛时恰恰是和珅当政的1778年至1795年，共计101件，其中罚银合计499.55万两，流入国家公共财政体系的，仅占其中的29%，用于海塘河工和军费的部分分别只占16.2%和10.6%，而其中高达285.05万两，占到总数57.1%的部分，全部作为皇室经费流入内务府，并用在乾隆皇帝最喜好的南巡盛典之中。

当然，来钱最快的是抄家，每一次抄家的收入少则数十万两，多则上千万两。皇帝在对贪腐行为震怒之余，抄家的巨额进项自然就是对他的心理安慰。

因此，当和珅倒台之后，他庞大的财产，无论是4000万还是1000万，都顺理成章地落入皇帝的腰包。尽管这笔钱不像8亿两这样数额庞大，但也相当于20余年的皇室固定经费。

皇帝为了表示自己不是好货之主，尽力做出慷慨大方的姿态，将这些昔日的赃款进行公平分配。珠宝玉器、金银器皿、首饰、字画、古玩、鼎彝、皮张、绸缎等都先行归入内务府库中，再拿出一小部分让近支王公利益均沾，数目不会太多，以免开启奴才们的贪鄙之心。

至于房产，除了一部分（不到总数四分之一）给丰绅殷德（和珅之子）和他的妻子（嘉庆之妹），其余大部分被皇亲国戚瓜分。剩下的也都收归内务府继续经营。

对普通市民来说，他们能触及的，除了隐匿的和珅余产之外，就只有被崇文门税关变卖的破旧物件和戏装。唯一的例外是从和珅府上收缴的人参，据称有600余斤，由于库房已满，所以内务府决定将其变卖。由于一时之间抛售大量上好人参，整个北京奢侈品消费激增，导致市面上一时竟出现货币短缺的现象。

当1799年结束时，一位甫才亲政的年轻君主，以"仁至义尽"的迅猛手段铲除了前朝权奸，一扫朝廷暮气，他终于走出了自己父亲的漫长阴影，志得意满地开始了自己的全新统治。

顾命大臣：帝制时代解不开的死结

文 唐元鹏

咸丰十一年（1861）8月22日子时三刻，咸丰皇帝从昏厥中醒来，看上去还有些精神，但他清楚，这是回光返照，他的生命已经进入倒计时。

咸丰皇帝招来老婆孩子以及随侍重臣，安排后事。他为6岁的儿子载淳，安排了八名大臣辅佐："着派载垣、端华、景寿、肃顺、穆荫、匡源、杜翰、焦祐瀛尽心辅弼，赞襄一切政务。"这便是咸丰八大顾命大臣。当晚咸丰驾崩于承德行宫烟波致爽殿。

11月4日，也就是咸丰驾崩两个多月后，顾命大臣之一，户部尚书协办大学士、署领侍卫内大臣肃顺护送着咸丰的灵柩从承德回归北京，这天来到了密云。此前，慈禧以皇帝尚幼，不能长久护灵为由，先期打道回京，一同回去的还有其他七名顾命大臣。

连日来，秋雨不停，道路泥泞不堪，护灵队伍上下疲惫不堪，肃顺来到地方官员安排好的驿馆，稍微擦洗一下，拖着疲惫的身躯躺到炕上，由两名小妾服侍着。肃顺闭上眼睛，考虑着咸丰帝大行之后，北京那诡谲多变的政局。

温柔乡中，肃顺很快就睡着了，到了半夜，一阵喧闹把肃顺惊醒，还没来得及穿戴，一伙全副武装的侍卫冲入了他的睡房，醇郡王奕譞奉上谕捉拿肃顺。肃顺还没搞清楚怎么回事，就在骂骂咧咧声中束手就擒。他不知道的是，另外七名顾命大臣，此时已在北京被捕。

清朝最后一个，也是中国帝制时代最后一个顾命大臣团队，在被任命两个多月之后，覆没于一场宫廷政变中，为首三人，肃顺被斩首，载垣、端华被赐自尽，其他人或削职或流放。

从此，在中国绵延了几十年的顾命大臣制度，彻底成为历史。

伊、霍开了坏头，小皇帝都要留神

在中国古代政治中，顾命大臣从来就是一种高危职业，在历史上，小皇帝与他爹安排的顾命大臣之间，你死我活的斗争从没中断过。

"顾命"一词出自尚书《顾命》篇，讲的是周成王将死，恐怕太子钊不能胜任，命令大臣召公和毕公辅佐太子。

在中国古代的君权政治中，存在这样一种现象：小皇帝年幼，无法统治国家，最常见的解决方案就是这种"顾命大臣"制，以帮助小皇帝完成权力过渡。但这时候，问题就来了，顾命大臣要么是皇帝宗室，要么就是朝廷重臣，掌握大量政治资源。这些人中，尽心辅佐者有之，飞扬跋扈者有之，直接废小皇帝者亦有之。不管是哪种顾命大臣，他们必然与君权存在矛盾。

古代政治话语中，有这样一句话："行伊、霍之事。"这是小皇帝最不愿意听到的，一旦有人唠叨这个，小皇帝便如末日来临。

"伊"是商朝的伊尹，"霍"是西汉的霍光。此二人都是顾命大臣中的佼佼者，他们虽然权倾朝野，但都忠心用事，没有成为篡逆者。所以先帝们都希望自己的臣子，能以他们为榜样，尽心辅佐新君。

但是伊、霍二人却有着令小皇帝惊悚的手段。伊尹应该是中国历史上最早的顾命大臣。在商汤死后，伊尹接受了顾命之责，成为商汤长孙太甲的师保（太师、太保）。他在顾命任内做了一件大事，他称因为太甲不守爷爷的祖训，治理国家乱七八糟，便将其发配到爷爷的墓地桐官守墓，面壁思过。直到太甲知错悔过，方才放回国都，将王权奉还，最后君臣相得，成就一番盛世。

但《竹书纪年》讲了另外一个更为惊悚的版本：伊尹废太甲自立，将其囚禁，7年后太甲出逃杀伊尹，才得以恢复商朝社稷。无论哪个故事，都告诉世人，伊尹手中握有废立君王的大权，而且幼君根本无法抵抗。

霍光则是霍去病的同父异母弟，在汉武帝晚年深得信任，武帝临终前，将其召来，以幼子刘弗陵托付之，霍光遂以大将军职为顾命。霍光同样手段非常，在汉昭帝刘弗陵驾崩后，因其无嗣，便引武帝孙昌邑王刘贺即位，但27日之后就以其淫乱无道，报请上官太后废黜了他，另立武帝废太子留在民间的孙子刘病已继位，是为汉宣帝。

伊、霍二人运用手中权力惩罚甚至废黜皇帝，开了一个极坏的头。日后"伊霍之事"便成为悬在所有小皇帝头上的达摩克利斯之剑。

据说明万历皇帝小时候，因为贪玩饮酒，被自己亲娘李太后招去教训一番，最后扔给他一本《汉书》，让他好好学习《霍光传》。这下可了不得，其中潜台词万历皇帝如何不知？当时他的顾命大臣便是历史上鼎鼎有名的张居正。此间逸闻，足见顾命大臣对小皇帝的威慑力。

正是这种威慑力，给先帝期待的君臣相得的理想状态投下了阴影，成为历朝历代顾命大臣与小皇帝之间生死相搏的根源。

万历皇帝在张居正去世后,立刻罚没其家产,逼死其子,还差点要开棺戮尸,足见万历皇帝心中对张居正是怎样一种刻骨铭心的仇恨。

明知有野心,顾命却是紧箍咒

在中国历代政治话语中,还有这样一句话:"主少国疑。"谁都知道,一个年幼的君主,特别是生逢乱世的小皇帝,被权臣干掉取而代之的例子多如牛毛,举不胜举。

于是,那些精通权术的皇帝们采取了各种方式预防这种情况发生。其中一种手段是杀大臣,将这一招用得最狠的是朱元璋,他将跟随其开国的文臣武将杀个干净,就是为年幼的孙子朱允炆日后登基扫清隐患,同时又安排孙子的一众叔叔在外领兵。

朱元璋手段不可谓不狠,安排不可谓不周到。但还是出了问题,大臣中没有棘手的了,却被领兵在外、拱卫中央的儿子朱棣篡了孙子的帝位。

诛杀权臣也不是保险的办法,在某种情况下,君王为了社稷的安全,无法对权臣动手。托孤顾命,有时候也成了克制臣下野心的一种妙法。

最著名的托孤之一,就是刘备在白帝城对诸葛亮的托付:"若嗣子可辅,辅之;如其不才,君可自取。"这顾命之词一语点破诸葛亮与刘备那傻儿子刘禅之间的关系。但这种托付重若千斤,让权臣诸葛亮不仅没有二心,还只能"鞠躬尽瘁,死而后已"。

同样的事情也发生在蜀汉的对手曹魏政权身上,曹操的孙子魏明帝曹叡弥留之际,把司马懿召到近前说:"以后事相托,死乃复可忍。吾忍死待君,得相见,无所复恨矣。"

什么后事？自然是幼子曹芳啊。曹叡以司马懿和曹氏宗亲曹爽（曹真之子）为顾命大臣。其中对司马懿的托付与刘备白帝城托孤颇为相似，也是笼络权臣，不致其有二心的手段。而且曹叡还以曹家宗室的曹爽为制衡，这样的方法在他看来可谓万无一失。

但是，他的设计只成功了一半，虽然司马懿终其一生都没有对曹芳不轨，但他却消灭了大将军曹爽，为儿孙辈篡位扫清了障碍。

当时魏、蜀、吴三国鼎立，斗得你死我活，无论哪国都不能诛杀司马懿、诸葛亮这样的国家柱石。但这些人能力太强、势力太大，如何能让小皇帝安然无恙呢？在老皇帝看来，唯有托孤了。事实可见，这两次顾命都勉强算成功。

但托孤也不是每次都能成功。到了北齐，开国皇帝高洋是个杀人不眨眼的魔王，他临终前进行了一次无奈的托孤。他的儿子高殷年幼，只能以弟弟高演为顾命。高洋知道弟弟是什么德性，几乎用恳求的语气对他说："夺时但夺，慎勿杀也。"侄儿的皇位，你要夺便夺了，但请给他留条活路。

结果高演做到了上半句，没做到下半句，废了侄儿高殷一年后就把他杀了。

顾命大臣制度是无奈之举

在史学家钱穆看来，中国帝制的历史，就是一部皇权与相权争夺的历史。顾命大臣制度是相权对皇权的侵夺，甚至某种程度上还会取而代之。如此一来，如何能让小皇帝与顾命大臣相安无事？

再加上一朝天子一朝臣，老皇帝的近臣，肯定是与他性情相近，政见相同的人。但对于小皇帝来说，就未必如此了，他自然也有与自己性情相近的臣子。从个人情感上也决定了，顾命大臣和小皇帝难以和谐相处。

但为什么即使如此,老皇帝还是笃信顾命大臣?

从某种意义上说,选择顾命大臣制度是极其无奈之举,是由皇权继承制度无法克服的内在矛盾决定的。

在古代民主制度中,如古希腊、古罗马共和时期,国家的执政官都由公民选出,一般而言都能选出贤良勇武之辈,绝对不可能选一个没成年的小孩,因此根本不存在小皇帝无法自立的问题。

但是皇帝专制是子承父业,无论多么英明神武的皇帝,未必能生出同样英明神武的儿子,而且也不可能每个太子继位时都已成年。怎么办?

有的时候,皇位继承会采取"兄终弟及"的办法,这种政治安排多出于国家处于战争纷乱之时。最著名的就是北宋初年,太祖赵匡胤与太宗赵光义之间"斧声烛影"的典故。在南北朝或者五代十国这些华夏大分裂时期,"兄终弟及"更是十分常见。但"兄终弟及"始终不符合古代继承制,也容易造成纷乱杀戮。所以在政局稳定的时代不会有市场。

那么另一种办法就是"太后垂帘",明朝以前,除了顾命大臣之外,太后垂帘的过渡方式十分常见。汉朝、唐朝、宋朝都有以"太后垂帘"的办法为小皇帝保驾护航。自己母亲看护儿子,自然再好不过。但事实上,这种办法也会出现问题,那就是外戚干政。

汉高祖刘邦的老婆吕雉,以太后身份临朝,造成吕家权势熏天,竟然打破刘邦"非刘氏而王,天下共击之"的誓约,封吕氏数人为王。如果不是周勃、陈平两位汉初名臣平定吕氏篡位的叛乱,汉室江山或许真得改姓吕了。

即便如此,两汉400余年,外戚干政一直是非常严重的政治隐患。后世对此也没彻底吸取教训,唐朝时还出了个女皇帝武则天,直到宋朝才真正克制住外戚干政。宋朝虽然仍有数次太后垂帘,但凭借强大的文官制度,终于将外戚干政的隐患消除。

这便出现了后党势力与文官势力相制衡的政治格局,回到本文最初,中国最后一次顾命大臣制度的尝试,便是典型的例子。

咸丰任命八位顾命大臣,又给了慈安一枚"御赏"章,给了慈禧一枚"同道堂"印。规定上谕诏书必先由顾命大臣起草,然后两宫皇太后先后用印,开头以"御赏"起,末尾以"同道堂"终。只有这样的诏书才是合法的朝廷敕令。

咸丰的安排就是让帝后一方与顾命大臣互相制衡,达到皇权的平稳过渡。但他万万没有想到,自己的老婆慈禧只用两个多月就干掉了顾命团队。

慈禧的儿子载淳原来的年号是"祺祥",这是顾命大臣起的年号,慈禧夺权后改年号为"同治",其意明显,就是两宫皇太后与皇帝同治天下。

"同治",就如谶语一般,正是几千年顾命制度最好的墓志铭。

大清國當今慈禧端康頤昭豫莊誠壽恭欽獻崇熙聖母皇太后

慈禧太后

为何宋朝没有"顾命大臣"?

文 吴钩

雄才大略的后周皇帝柴荣,带着满心的遗憾,走到了人生的尽头,这一年是959年。这位被誉为"五代第一明君"的皇帝除了未能完成统一华夏的夙愿,还要担心自己的身后事。39岁的柴荣只有一个6岁的小儿子柴宗训,他只能委任范质、王溥、魏仁浦三人顾命辅佐幼帝。

按道理说,这三人最可能因此丢了性命,因为历史跟他们开了一个大玩笑。三人辅佐周恭帝未久,即发生"陈桥兵变",赵匡胤在出征途中被众将拥立为帝,大部队奔回首都,逼小皇帝禅让。后周的孤臣孽子,安有命焉?所幸赵宋取代后周,兵不血刃,市不易肆,前朝旧臣与皇室都得到新朝的优待与礼遇,范质等三人继续被委以要职。

宋乾德二年(964)九月,范质病逝,太祖闻讯,还罢朝三日,以示哀悼。其他二位顾命大臣王溥、魏仁浦,也都以宰相高位退休,得以善终。

在这里,宋王朝从一开始,就展现出了跟前面五个短命王朝不一样的气质——以宽仁之精神立国。

两宋300余年,也曾出现过几个未成年便继位的小皇帝,如宋仁宗继位时只有12岁,宋哲宗继位时只有9岁,宋恭帝继位时只有4岁。但仁宗与哲宗亲政之后,都没有对辅弼他的老臣大开杀戒。

成年的宋哲宗有恢复父亲宋神宗变法的志向,但辅佐幼年哲宗的一直是保守派的元祐党人,皇帝长大之后发现他的执政理念与辅政大臣存在着强烈冲突,但宋哲宗也只是将元祐党人外贬而已,未曾诛杀一人。由此来看,若要当顾命大臣,还是在宋朝最安全。

当然更值得思考的问题是,宋朝是如何做到这一点的?

不杀文人的誓约,等同于文官免死宪法

为什么宋朝几乎没有发生过帝王因为政治原因而诛杀士大夫的事情? 首先是因为赵宋皇帝受到一项宪章性规则的约束——太祖立下的誓约。

据南宋笔记《避暑漫抄》记录,宋太祖赵匡胤取得帝位后,在太庙寝殿之夹室中立了一块石碑,叫作“誓碑”,平日用黄幔遮着,夹室的门也紧锁。凡有新君即位,到太庙拜谒完毕,都要入夹室恭读誓碑上的誓词。外人都不知所誓何事。靖康年间,金人攻陷汴京,太庙大门洞开,人们才看到石碑真面目。此碑高七八尺,阔四尺余,上面勒刻三行誓词,一云:“柴氏子孙,有罪不得加刑,纵犯谋逆,止于狱中赐尽,不得市曹刑戮,亦不得连坐支属。”一云:“不得杀士大夫及上书言事人。”一云:“子孙有渝此誓者,天必殛之。”

有人怀疑“誓碑”是南宋人捏造出来的,毕竟那块石碑直到今日也没有出土。就算这个质疑有道理吧,誓碑一事姑且存疑,但根据史料,“不得杀士大夫及上书言事人”的誓约应该是存在无

疑的。

最有力的证据来自宋臣曹勋的自述。靖康末年,徽宗、钦宗两帝为金人所掳,曹勋随徽宗北迁,受徽宗嘱托国事。不久曹勋逃归南方,向高宗进了一道札子,里面就提到:"(太上皇)又语臣曰:归可奏上,艺祖(宋太祖)有约,藏于太庙,誓不诛大臣、言官,违者不祥。故七祖相袭,未尝辄易。"

事实上,太祖留下的这一誓约,基本上得到赵氏子孙的遵守。宋神宗曾因西北用兵失利,欲斩杀一名转运使,却受到大臣蔡确与章惇的坚决抵制:"祖宗以来,未尝杀士人,臣等不欲自陛下开始破例。"宋臣未必知道太庙中的誓碑,但经过100年的运作,朝廷不得杀士大夫的惯例,显然已众所周知。皇帝最后只好发了一句牢骚:"快意事更做不得一件!"

后来哲宗朝的元符元年(1098),保守派阵营的元祐党人被逐,新党重新得势,宰相章惇欲穷治元祐党人,"将尽杀流人"(这回是章惇起了杀心),但宋哲宗反对,哲宗说:"朕遵祖宗遗制,未尝杀戮大臣,其释勿治。"

太祖立下的誓约以及由此形成的惯例,显然束缚了君主诛杀士大夫的权力。一个生活在宋朝的大臣,只要不是罪大恶极,一般是用不着担心有一天会被皇帝杀头的。

权力结构的稳定,使宋朝没有顾命大臣

不管是宋仁宗,还是宋哲宗,登基时都还是孩童,当然离不开一班老成持重之大臣的辅政与教导。不过宋朝未设顾命制度,老皇帝在终临前,并没有特别指定若干重臣为托孤大臣。尽管如此,那些先帝时代的朝中大臣,在政权交接过程中及新朝开局时还是

[北宋]苏汉臣《宋太祖蹴鞠图》

发挥了重要的作用。

乾兴元年（1022），宋真宗驾崩，留下遗命：12岁的儿子赵祯继皇帝位，"军国事兼权取皇太后处分"。根据真宗的遗命，辅臣商议如何起草遗诏，宰相丁谓欲讨好刘后，提出将"权"字删掉。"权"有从权、暂时的含义，去掉这一字，即意味着承认太后拥有听政的正式权力。参知政事王曾坚决不肯让步，说女主临朝已是非正常情况，称"权"已属无奈，你还想将"权"字删去，是什么意思？丁谓不敢再坚持己见。

宋神宗病重之时，宰相蔡确曾有意拥神宗之弟雍王或曹王为皇储，为此他试探过另一名宰相王珪的意见，但王珪说皇上有子。他认为皇位应该由神宗的儿子赵煦继承。王珪又上奏皇太后，"请立延安郡王（即赵煦）为太子，太子立，是为哲宗"。哲宗继位，由祖母高太后垂帘听政。高太后是同情旧党的人，原来在神宗朝受到冷落的司马光、吕公著、苏轼等大臣，重回朝廷辅政，大儒程颐则被召来担任小皇帝的经筵官，负起教化哲宗、养成君德的大任。

从上面的事例也可以看出，王曾、王珪等大臣，虽然没有被叫到皇帝床前托付幼君，但他们却在立嗣、太后临朝等重大事件中扮演了举足轻重的角色。可以说这些宰相，虽无顾命大臣名分，却尽到顾命之责，辅佐幼主，稳定朝纲。

宋朝有一个现象：皇帝若是冲龄继位，都出现过太后（或太皇太后）垂帘。与汉唐相比，宋朝虽然先后有多名太后临朝听政，却从未产生"女主祸政"的乱象，也没有诞生一名像汉朝吕后、唐朝武则天那样把持朝政的女强人。这又是为什么？

从制度角度来解释，宋朝建立了理性化程度很高的权力结构。君主作为天下道德的楷模、国家主权的象征、国家礼仪的代表、中立的最高仲裁人，具有最尊贵的地位与最高的世俗权威。

同时君主不应该亲裁政务，虽然一切诏书都以皇帝的名义发出，但基本上都是执政官熟议后草拟出来的意见，皇帝照例同意即可；治理天下的执政权委托给宰相领导的政府，用宋人的话来说，"天下之事，一切委之执政"；监察、制衡政府的权力则委托给独立于政府系统的台谏，"一旦谏官列其罪，御史数其失，虽元老名儒上所眷礼者，亦称病而赐罢"。

就如秦观所言："常使两者之势适平，足以相制，而不足以相胜，则陛下可以弁冕端委而无事矣。"君主只要协调好执政与台谏的关系，使二者达成均衡之势，便可以做到垂拱而治。

在这样的权力结构中，出现一个未成年的小皇帝，并不会对整个帝国的权力运转构成巨大的障碍，因为皇权已经象征化，君主不用具体执政。也没有必要为小皇帝专门成立一个顾命大臣团队，宰相领导的政府与制衡政府的台谏保持正常运转就可以了，至于程序性的君权，垂帘的太后便可以代行。

也正是因为皇权象征化，临朝听政的太后不太容易出现权力膨胀。君（由太后代理）臣各有权责，不容相侵，一旦出现女主专权的苗头，立即就会受到文官集团的抗议和抵制。这一点跟清朝的政体完全不同，清朝帝王自称"乾纲独断，乃本朝家法"，太后垂帘听政代行皇权，当然也就获得了专断、亲裁的绝对权力。

顾命大臣之设，通常是应皇权专制之需的产物；而顾命大臣之被诛，则是其隐权力通过自我繁殖，高度膨胀，进而威胁到皇权专制的缘故。宋朝政体并非皇权专制，君权、相权、台谏权各有分际，权力的运行自有程序与制度可遵循，自然也就用不着在一个理性化的权力结构中，突兀地设置顾命大臣摄政。

何处是江南？

📝 叶克飞

对于中国古代文人而言，进则兼济天下，退则独善庭园，是他们毕生的理想，而文风最盛的江南构成了中国文化的重要一极。

陶弘景曾在《答谢中书书》中写道："山川之美，古来共谈。高峰入云，清流见底。两岸石壁，五色交辉。青林翠竹，四时俱备。晓雾将歇，猿鸟乱鸣；夕日欲颓，沉鳞竞跃。实是欲界之仙都。自康乐以来，未复有能与其奇者。"

这里所说的"欲界之仙都"，指的便是江南地区。自古以来，江南便是文人雅士歌颂的对象，它景致如画、美丽富庶，也充满艺术气息，是人们的梦想之地。

但误解从来都是伴随着美好想象存在的。比如，江南因景致之美，被强加以"柔弱"定义，江南文化里血性的一面常被忽视，久而久之，成了人们的固有思维。

江南是中国文化的后花园。但江南到底在哪？它是怎么形成的？江南真的如此柔弱吗？

江南：以苏南浙北为核心的区域

顾名思义，江南指长江以南。狭义的江南指长江中下游平原南岸。广义的江南涵盖长江中下游流域以南，南岭、武夷山脉以北,即今湖南、江西、浙江全境,以及湖北、安徽和江苏的长江以南地区,有人甚至将福建也纳入这个广义范畴。

关于江南,目前所能见到的最早记载应在《史记·五帝本纪》,其中提到"(舜)年六十一代尧践帝位。践帝位三十九年,南巡狩,崩于苍梧之野。葬于江南九疑,是为零陵"。

江南作为行政区划,在先秦时期已出现,大抵指楚国地界。《史记·秦本纪》中就有"秦昭襄王三十年,蜀守若伐楚,取巫郡及江南为黔中郡"的记载,这里所说的楚属江南,指如今的湖南和湖北南部以及江西部分地区。

三国时期,刘表拥兵自重,《后汉书·刘表传》说:"江南宗贼大盛。……唯江夏贼张虎、陈坐拥兵据襄阳城,表使越与庞季往誓之,乃降,江南悉平。"

唐朝贞观年间设江南道,范围仍是江西、湖南和湖北南部;宋朝设江南路,含江西和安徽南部;清初还设有江南省,同样包括江苏和安徽南部,两江总督一职的所辖范围,即包括江南省和江西省。

但江南作为一个文化概念,范围则小得多。李伯重认为,对江南的地域范围作界定,在标准上不但要具有地理上的完整性,而且在人们的心目中应是一个特定的概念。

据此,江南的合理范围应当包括今天的苏南浙北,即明清时期的苏州、松江、常州、镇江、江宁、杭州、嘉兴、湖州八府及后来由苏州府划出的太仓直隶州。这八府一州之地不但在内部生态条件上具有统一性,同属于太湖水系,经济方面的联系十分紧密,而且其外围有天然屏障,与邻近地区形成了明显的分隔。

也有人从历史角度分析,认为江南应是江苏南部、浙江全境和安徽、江西的部分地区,如清朝的苏州府、松江府、常州府、杭州府、嘉兴府、湖州府,便是著名的江南六府,悉数集中于江浙。当然,时人提起江南名城,还会将江西境内的九江府,安徽境内的宁国府、徽州府等纳入其中。

几度人口南迁造就的江南

中国历史上曾有几次大规模人口南迁,大多因战乱导致。如"永嘉之乱"(西晋后期匈奴攻陷洛阳)后,中原人民纷纷渡江南迁;"安史之乱"(唐中期安禄山、史思明叛乱)后亦是如此;"靖康之变"(金兵南侵,北宋灭亡)后,人口南迁更是达到高峰,仅十余年,"江、浙、湖、湘、闽、广,西北流寓之人遍满"。

人口南迁使得江南地区获得了大量劳动力和先进技术,肥沃的土地得到更好的利用,经济得以发展。江南地区成为重要粮食产区,是名副其实的鱼米之乡,手工业和丝织业日渐发展。名城建康(今南京)在南朝时已拥有140万人口,可见其繁荣。从此之后,中国的经济和文化中心逐渐南移,从长安一带逐渐移向苏杭,尤其在南宋时期,苏杭之盛景前所未有。

隋朝统一中国后,在政治上刻意压制曾为六朝时期政治核心区域的江南地区,但远离政治反而给江南地区带来了相对安定,使江南地区在隋唐时期得以发展。

"安史之乱"后,中原饱受战乱之苦,江南地区成为经济中心,"赋出天下而江南居十九",就此开始了延续千年的"南粮北调"格局。

经济的发展带动了文化的繁荣。江南文化将发达的经济和秀丽的风景完美融合,处处显露出灵秀之气,并体现于文学、饮食、戏曲和建筑园林等各领域。

自六朝以来，江南的诗人、词人和戏曲家数不胜数，学风极盛，固有"不识大魁为天下公器，竟视巍科乃我家故物"的说法。明朝有四分之一左右的状元出于江南；到清朝，这个比例增加到半数以上。

科举中的辉煌，其实也与江南的整体经济、文化繁荣有关，当时江南已经形成发达城市群，口岸众多，对外交流频繁，人们视野相对开阔，无论科举考试还是治学，都占有优势。此外，如书画金石等，也是江南文化人的绝对"强项"。

但是，如果仅仅是经济发达、"天下粮仓"和学风甚盛几个元素，还不足以说明江南文化的特殊性。若说富庶，古代四川有"天府之国"之称，发达程度不亚于江南。若说学风和文化传统，齐鲁地区作为儒家文化发源地，在古代同样重要。江南文化的内涵其实还有更为深刻的东西，那便是张岱的《陶庵梦忆》、李渔的《闲情偶寄》等作品中体现的精致生活。

江南园林便是这种精致生活的典型体现。道法自然的园林形式，早在六朝时代便已兴起。兴建园林不仅仅需要财力，也需要对美学的深刻体会。

如皋县水绘园，原先是冒家产业，至名公子冒襄时逐渐修复完善。他在园中构筑"妙隐香林""壹默斋""枕烟亭""寒碧堂"等十余处佳境，名士陈维崧曾在《水绘园记》中写道："绘者，会也，南北东西皆水绘其中，林峦葩卉，块圠掩映，若绘画然。"

明亡后，心灰意冷的冒襄将水绘园改名为"水绘庵"，在此隐居，名士纷纷前来唱和，有"士之渡江而北，渡河而南者，无不以雉皋为归"一说。

在饮食和茶道上，江南也以精致著称，与粗犷的北方迥异。张岱谈茶，曾有高论："炒法、掐法、挪法、撒法、扇法、炒法、焙法、藏法，一如松萝。他泉瀹之，香气不出，煮禊泉，投以小罐，则香太浓郁。杂入茉莉，再三较量，用敞口瓷瓯淡放之，候其冷；以旋滚汤冲泻之，色如竹箨方解，绿粉初匀；又如山窗初曙，透纸黎光。取清妃白，倾向素瓷，真如百茎素兰同雪涛并泻也。"

"一壶挥麈，用畅清谈；半榻焚香，共期白醉"，这种情怀可不仅仅是"小资"。张岱作为江南文人的代表，曾自陈有十七种嗜好，包括"爱繁华，好精舍，好美婢，好娈童，好鲜衣，好美食，好骏马，好华灯，好烟火，好梨园，好鼓吹，好古董，好花鸟，兼以茶淫橘虐，书蠹诗魔"，这本身就是江南文化的写照。

李渔不仅仅爱好美食，也好声色、园林、山水和书画，所以"凡窗牖、床榻、服饰、器具、饮食诸制度，悉出新意，人见之莫不喜悦，故倾动一时"。

最值得一提的是，江南的精致生活是"越名教而任自然"，是一种强调自由的美学。

江南不为人熟知的血性一面

正因为江南文化的精致唯美，许多人对其产生了误解，认为江南文化只有阴柔一面，甚至以此与北方文化做比较，认为北人阳刚、南人阴柔。这种看法浮于表面，忽视了江南文化的底色。

江南文明源于长江文明，它的第一次兴盛，是春秋末期的吴越争霸。先是吴王夫差举兵进攻越国，越王勾践成了人质，之后勾践卧薪尝胆，兴兵灭吴，逼得夫差自刎，其后又继续北上，称霸中原。在这期间，吴文化和越文化合流，逐渐搭建了江南文化的构架。《吕氏春秋》称"夫吴之与越也，接土邻境，壤交通属，习俗同，言语通"，也恰恰是这期间的状况。

在吴越争霸中，有铁血战争，有隐忍复仇，即使是夫差的自刎，也有国君死社稷的悲壮，更不说专诸和要离的故事了。吴越争霸不仅仅是一段历史，更是江南文化中血性一面的前戏。

尽管吴越文化不可避免地受到中原文化的影响，但仍体现出极大的独立性，比如越王勾践迁都琅邪后，孔子曾往谒见，宣扬五帝三王之道，勾践却以风俗有异为由拒绝了孔子，刻意保持自身文化独立。尽管吴地相比越地更靠近北方，受中原文化影响相对更大，但同样有一定的独立性。

"永嘉之乱"后，众多移民涌入南方，其后晋室南渡，使中国政治和文化轴心首次移向南方。地理学家陈正祥曾认为"永嘉之乱""安史之乱"和"靖康之难"是"迫使中国文化中心南迁的三次波澜"。也恰恰在此时，江南文化多了柔和的一面，但吴越时期的尚武之风，并没有从江南文化的骨髓中剔除。

江南文化中的血性并非只属于起起武夫，有时更体现在士大夫阶层。江南文人往往柔中带刚，忠于理想，尽管平日风流文雅，国破之际却能表现出坚贞气节，昏君治下仍有力挽狂澜之心。清朝高士奇曾有"艳句魂消隋苑柳，侠肠酒酹秦淮月"的诗句，"艳句"与"侠肠"并举，便是江南文人的真实写照。

"江南血性"的一次集中爆发，发生于明末清初。当清朝统治者发出"留发不留头"的剃发令时，江南人民成了最为激烈的反清力量。其中江阴的反抗最为著名，当时江阴义民抗清守城，推典史陈明遇为首，后陈明遇让贤于前典史阎应元，阎应元义无反顾地率家族子弟接过指挥权。此时团结在他身边的有当地文人士绅

20多名。由是,江阴上演了死守城池81天的奇迹。

秀才许用在围城的那个中秋写下这样一副对联:"八十日带发效忠,表太祖十七朝人物;十万人同心死义,留大明三百里江山。"他说出了所有江南士绅彼时的心志。

江阴城被红衣大炮攻破后,清军"满城屠净,然后封刀"。全城人民"咸以先死为幸,无一人顺从者",被屠杀者达17.2万人,未死的老小仅有53人。还有嘉定、松江、昆山、常熟、溧阳等,这些

[清]徐扬《姑苏繁华图》(局部)

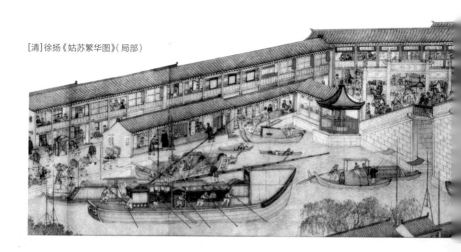

不起眼的江南小城,无一不在抗清斗争中流尽最后一滴血。

留于史册的还有这些名字:冯厚敦、夏维新、章经世、王华、黄毓祺、侯峒曾、黄淳耀、龚用园、屠象美、李毓新、郑宗彝、徐石麒、沈犹龙、夏允彝、夏完淳、陈子龙、徐孚远、张密、王永祚、朱天麟、杨永言、严子张、钱国华、吴易、张煌言……

在山河破碎之时,这些江南人挺身而出。虽然他们的死无法力挽狂澜,但他们已然将自己和江南文化一起写成了历史。

正史中的戏言

玩笑误国

文 杨津涛

话说女皇帝武则天得到密告：酷吏周兴串通他人造反。于是她就让另一酷吏来俊臣来审理此案。来俊臣见了老同事周兴，不谈案情，只像交流工作经验般问道："如果犯人咬紧牙关，就是不肯招，老兄通常有什么办法呢？"

周兴得意地说："那太容易了。拿一个大瓮，四面用火烤热，再让犯人进到瓮里面，看他招不招！"

来俊臣拍手称赞，然后跟老周开了一个著名的玩笑："真是妙招，我这就预备大瓮，请老兄进去一试。"周兴一听，赶忙下跪叩头，全招了。这就是"请君入瓮"的故事。

无论周兴，还是给他准备大瓮的来俊臣，在传统价值观中，都不是什么正人君子，他们之间的勾当，从来是正统文人口诛笔伐的对象。

纵观历史，人们对爱开玩笑、不检点的人总是抱着鄙视的态度。那些能哄皇帝开心、具有幽默感的官员，甚至会被安上"弄臣"的名号。

久而久之，中国人仿佛成了缺乏幽默感的人群，玩笑不能乱开。那些抱着戏谑心态愚弄他人的人物，很可能会引来杀身之祸。

君无戏言，否则后果很严重

朋友间是平等的，没事时互相取笑两句，谁也不会当真。不过要是上下级之间，不管是老板拿员工开涮，使员工丢了面子，还是大臣欺骗皇帝，让皇帝心里面不爽，通常都会引来不好的结果。

正经的天子要"君无戏言"，自动放弃说笑话的权利。西周时，周成王与弟弟叔虞玩耍时，曾拿一片梧桐叶许愿，说："我以此为凭证，封你为诸侯。"过了一段时间，成王就把这事给忘了。

辅佐他的周公却提醒道，选个吉日，把加封叔虞的事给办了吧。周成王一听就笑了："我那不过是和小孩子开玩笑罢了。"周公把脸一沉说："君无戏言，天子说的每一句话，都要被记录到史书里。"成王一听，只好把形状像树叶一般的唐国（今山西部分地方）封给了叔虞，这就是历史上著名的"一叶封唐"的典故。成王事后虽然想赖账，不过好歹有周公的监督，让兄弟俩的玩笑没开大了，有个大团圆的结局。但不是每个国君的玩笑都能得到好的结果。周幽王烽火戏诸侯的故事，想必大家都不陌生。

周幽王不是唯一因开玩笑而倒霉的君主，和他做伴的至少还有春秋时的郑灵公。公子宋在觐见郑灵公前，食指突然抖动起来，就对一旁的同僚子家说："每当我食指大动时，就是要吃美味了。"他们一起进大殿前，恰好看到有厨师在杀一只楚国进贡的大鳖，不由相视一笑。

郑灵公感到很奇怪，就问他们为什么发笑，子家就把来龙去脉告诉了国君。过了一会儿，郑灵公也使起了坏，请其他大臣吃王八，唯独不许公子宋吃，摆明了是要捉弄一下这个"未卜先知"的公子哥。公子宋大怒，站起来把食指沾到锅里，尝了下味道后扬长而去，这便是"染指"一词的出处。

烽火戏诸侯

　　郑灵公见公子宋如此不识逗,还对国君无礼,就动了杀机。谁知公子宋更不客气,竟和子家密谋,抢先一步动手,杀死了郑灵公。

耍皇帝的下场——袁崇焕死得很难看

　　国君拿大臣取乐,尚且引来杀身之祸,这要是反过来,后果自然更严重。袁崇焕之死一向被看作是"千古奇冤",其实他多少有些"咎由自取"。崇祯元年(1628),刚刚登基不久的新皇帝朱由检召见袁崇焕,询问他对后金战事的看法。袁大人当时大概是脑子一热,竟然随便扯了一句"五年全辽可复"。

　　这可非同小可,有同僚小声问袁崇焕:"你和皇上说的话是否当真?"袁崇焕淡淡地回答:"皇上热切地希望消灭后金,所以把情况说得乐观点,宽慰皇上一下。"同僚一听就傻了:"当今皇上如此聪明,到时找你兑现诺言,看你怎么办!"

　　袁崇焕这时也着急了,赶忙又去向崇祯解释,说"五年复辽"必须得到各方面的配合才行,不然没办法实现。崇祯就说,你有什么困难,朕都给你解决了。随即下令,无论户部的军饷、工部的兵器、吏部的用人,还是兵部的战场指挥,全要给袁崇焕开绿灯。

　　一句戏言,把袁崇焕架到了火上烤,没办法,他只能到辽东上任。对工作,袁崇焕不能算不尽心尽力,但辽东大局早已败坏,能守住防线不继续失地就不错了,如何消灭得了后金?

　　就在袁崇焕夸下海口的第二年,皇太极绕过山海关,一路所向披靡,兵临北京城下。后金大军与数十万勤王明军对峙数月后,才自行退去。八旗铁骑一下击碎了"五年复辽"的美梦,崇祯皇帝也意识到他被袁崇焕骗了。后来崇祯剐了袁崇焕,一方面是因为中了反间计,另一方面也是为了挽回自己因识人不明而丢了的面子。

一生都在过"愚人节"的明武宗

皇帝不能开玩笑,只是普遍而言,但凡事都有个例外。明武宗就是例外中的例外,他的一生都在和大臣"开玩笑",戏耍着那些在他看来道貌岸然的先生们。

好动的武宗有一个梦想,他想去边塞走一趟,到战场上感受一下刀光剑影。大臣们知道后都傻眼了,想起当年明英宗御驾亲征,结果兵败被俘,大明朝险些亡国的历史,大臣们一个个上书劝阻,但皇帝就是置之不理。

正德十二年(1517),皇帝瞒着满朝文武,带着武将江彬、宦官钱宁这两个宠臣,偷偷跑出德胜门,直奔居庸关。这回幸亏居庸关的巡关御史张钦是个直汉子,拼着一死,往城门下一坐,就是不给皇帝开关。有他耽误工夫,京里的官员也追到了,好说歹说,总算是把皇帝给请了回去。

请是请回来了,皇帝巡边的心可没有死。武宗静静地等待了半个月,趁着某日张钦外出公干不在居庸关,连忙来到关下,这一次再没人敢拦他,他终于如愿以偿,到了边关重镇宣府。

武宗先为自己取了一个"朱寿"的新名字,再用皇帝的名义,加封朱寿为"总督军务威武大将军总兵官、镇国公"。这简直是与群臣开的国际玩笑,把自己封为总兵的皇帝,古往今来唯独他这一人。

武宗这一趟没有白去,他亲自率军与蒙古人交了一次手。对于此战的战果,史书上的记录是鞑靼人战死16人,而明军阵亡52人。这个战果很可能是文臣们为了证明皇帝的荒唐,报自己被捉弄的一箭之仇,而刻意编造出来的。

因为这场史称"应州大捷"的战役,双方参战的士兵有十余万,即使随便接触一下,也不会只有这点伤亡。

关于战事的记录,是在武宗死后,文臣们才动的手脚。战役刚刚结束,皇帝凯旋时,大臣们还是要隆重欢迎的。只是皇帝下令,说打了胜仗的是朱寿,而不是正德皇帝朱厚照。这可愁坏了大臣,见了面不能称"皇上",这"大将军"三个字却也不太敢叫出口,那种尴尬,就不是我们所能想象的了。

在群臣看来,皇帝如愿到边塞打了一仗,总该消停一段时间了。谁知武宗的新想法马上又来了,他要南巡。正在他找不到南下的理由时,宁王在南昌造反的消息传来。武宗大喜过望,当即下诏,表示要御驾亲征。

让武宗失望的是,他的大军刚刚离开北京,南昌的捷报就到了:一个名叫王守仁的巡抚用了35天,就把宁王之乱镇压了。

武宗暗想,我好不容易才出来,总不能这样就回去吧?于是他又和群臣开了个玩笑,扣下捷报,继续前进!武宗一路上走走玩玩,足足花了四个月,才到达南京。

王守仁也配合荒唐皇帝一起玩。等皇帝到了,他又上了一封捷报,称"奉威武大将军方略,讨平叛乱",把这大功留给了朱寿。

不料武宗还是觉得意犹未尽,功劳来得未免太"容易"了。他命士兵在城外围出一个广场,把俘虏放到里面。武宗全身披挂,带着人马又将这些俘虏"打败"了一遍,并亲手活捉了宁王。

可怜明武宗下场不是很好,他因为贪玩掉到水里得病而死。这个结局给那些被愚弄惨了的文臣留下了话柄:"瞧,这样的君王岂得好死?"

用"愚人"手段报复对手

明武宗和大臣开玩笑,是因为不愿被官僚集团管束。但有的人,则通过愚弄别人,实现打击报复的目的。

战国时,魏国大夫须贾怀疑门客范雎出卖情报,把事捅给了公子魏齐。魏齐大怒,命人用鞭子狠狠地抽了范雎一顿。范雎装死,买通看守,才侥幸留得一条性命。范雎从此化名张禄,出仕秦国,因提出"远交近攻"的统一方略而官至丞相。

后来魏国听说秦国要出兵征伐他们,急忙派须贾为使臣,前去求和。范雎知道了,就换上一身破衣服,来同"老主人"叙旧。范雎主动为须贾驾车,进到秦国的相府里面。范雎借口说要先去向张丞相禀报一声,让须贾等一会儿。

岂知范雎一去不返,须贾只好询问相府的下人:"范雎怎么去了这么久,还不见回来?"下人告诉他:"范雎是谁?那是我们张相爷啊!"可以想见,须贾当时定是惊出一身冷汗。这时魏国有求于秦,须贾顾不得面子,立马脱光上衣,去给范雎请罪。

范雎倒没有太为难须贾,羞辱他一番后,让他回去带话给魏王:"快快献出魏齐的人头,不然等着兵戎相见吧!"魏齐最后只能自杀而死。

范雎才华横溢,是历史上的名臣,尚且用"愚人"的手段来挟私报复,就更不用说那些真小人了。中国恐怕很少有人不知道,大诗人李白生具一副傲骨,是"天子呼来不上船"的主。李白让高力士为他脱靴、让杨玉环给他磨墨的故事,也可谓家喻户晓。

李白戏耍了高力士后,写下三首著名的《清平调》,其中有一句"借问汉宫谁得似?可怜飞燕倚新妆",夸赞杨玉环的容貌堪比赵飞燕。高力士私下却对杨贵妃说:"李白将您比作汉朝的赵飞燕,分明是在侮辱您。"杨贵妃一想,赵飞燕向来被视为"红颜祸水"的典型人物,下场悲惨,这李白果然是居心叵测。

此后唐玄宗几次想重用李白,都被贵妃娘娘给拦下,使李白终身怀才不遇。这个故事出自李濬《松窗杂录》一书,不一定真实,不过至少说明一个道理:戏耍小人固然能获得一时的畅快,但最终也许会付出非常惨痛的代价。

历史有时也爱开玩笑——那些阴差阳错的"愚人"事件

世界上大部分的"愚人"事件,都是有人主观制造的。但也有很小一部分,是历史和当事人开的玩笑。

商鞅是使秦国走向强盛的关键人物,只是他的变法严重损害了贵族利益。当赏识商鞅的秦孝公一死,贵族们就联合新国君,企图扳倒商鞅。商鞅知道夜长梦多,就一个人连夜出走,准备投奔别国。

到了城门口,卫士大声说:"商君有令,如无公事,黄昏后禁止出城!"商鞅没有办法,只能找一家客栈先住下。谁知客栈老板说:"客官,您必须出示身份证明,否则不能留您住宿,这是商君的法令。"商鞅当然不敢亮出姓名,只好走出客栈,仰天长叹:"我真是作法自毙啊!"后来商鞅被对头捉住,施以车裂之刑。

被历史开玩笑的还有大明蓟辽督师洪承畴。松山大战明军溃败,洪承畴被清兵俘虏,他的一个仆人跑到北京送信,说老爷被俘后"义不受辱,骂贼不屈",以身殉国。同时兵部也收到消息,获知"洪督师临砍时,只求速死"。崇祯皇帝闻信很伤感,下旨为洪承畴建立祠堂,隆重祭奠这位大明英烈。

正当明朝悲伤地为洪督师筹备后事时,真实消息传来:洪督师已经降清了。好在崇祯还没有亲临祭奠，不然这个乌龙就真的不可收拾了。

没节操的洪承畴无意间给大明朝过了一次"愚人节"，但后来他也因此被大明的忠臣愚弄了一番。

"甲申之变"后，江南著名的抗清将领夏完淳被俘，清兵把他押到清朝的江南总督洪承畴面前。这个贰臣对夏完淳道："你年幼无知，怎么就从了贼呢？现在归顺大清，还给你官做！"

夏完淳眼睛朝天，假装不看面前站的人，说道："本朝曾有位洪承畴，乃当世人杰，在沙场上以身殉国，先帝下诏褒奖！我年纪虽小，也要学一下洪督师，杀身成仁！"

旁边的清兵急忙告诉夏完淳，面前这位就是洪大人。夏完淳转头怒斥道："洪督师为国死节，天子亲临悼念，谁人不知！你是什么东西，竟敢假冒洪督师，玷污忠良！"洪承畴羞得满面通红，无言以对。

宋朝的"官二代"

文 吴钩

今人说起古时的"官二代",必先想起高衙内。拜《水浒传》广泛流传所赐,施耐庵笔下这个欺男霸女、臭名昭著的"高衙内"成了宋朝"官二代"的典型。

从元朝开始,那些对贪官污吏满怀愤恨的文人们,通过元杂剧塑造了一批又一批作恶多端的宋朝衙内形象。

如元杂剧《生金阁》中有个庞衙内,出场白即亮明其身份与品质:"小官姓庞名勋,官封衙内之职。我是权豪势要之家,累代簪缨之子。我嫌官小不做,马瘦不骑,打死人不偿命,若打死一个人,如同捏杀一个苍蝇相似。"另一部元杂剧《陈州粜米》也有个刘衙内,出场也唱了一出:"小官刘衙内是也。我是那权豪势要之家,累代簪缨之子;打死人不要偿命,如同房檐上揭一个瓦。"对比一下二位爷,连唱词都差不多,真不知道是谁抄了谁。

反正你也写,我也抄,如此这般,宋朝的"官二代"们便顶着"衙内"这个称谓,彻底堕落于历史之中了。以致现代人一看到"衙内"二字,脑海里立马会弹出仗势欺民、不学无术的恶少形象,并以为宋朝是盛产这类恶衙内的时代。

小说和杂剧毕竟不能完全反映历史真实,"高衙内"在历史上也从没存在过。溯本追源,"衙内"在宋朝是个中性词,只因为五代时,藩镇多以子弟充任"牙内都指挥使""牙内都虞候"等亲卫官,宋人出于习惯,便将官宦子弟唤作"衙内",就如称"王孙""公子",并非特指骄横的"官二代"。

宋朝"官二代"作为个体自然有好有坏,好的"官二代"给整个时代的官场、社会风气带来了积极作用。就拿寇準来说,这位大宋名相年轻时就是不折不扣的纨绔子弟,飞鹰走狗,呼朋唤友,没少让爹娘操心。但架不住家教严格,母亲天天督促功课,寇準19岁便中了进士。寇準做官后,凭着自己的才华,一点一滴地建立了功绩,最后官至宰相。

两宋是儒家兴盛的时期,读书始终是"官二代"生活的主题,寇準的例子也说明,不管你多么不务正业,归根结底还是要读书。两宋141名宰相,可考为"官二代"出身的有62人,其中53人正儿八经进士出身,只有9人纯靠祖荫得官。从这个统计也可以看出,宋朝官场"官二代"所占比例不算太高,而且"官二代"绝大多数也靠科举晋身。两宋官场如果非进士出身想做大官几乎不可能,因此不少受荫为官的"衙内",为了出人头地非得再考个进士不可,韩缜、吕公著、韩忠彦这几位名相莫不如此。

宋朝"官二代"日常生活多围绕诗文展开。"官二代"出身的柳永、秦观、周邦彦等词坛巨匠无一不是在这样的环境中熏陶出来成就文坛美名的。

当然,史书中对于作恶的"官二代"也落笔颇多,如宰相章惇之子强买田产,假借父亲名义,"逼胁逐人须令供下愿卖文状,并从贱价强买入己";南宋孝宗时期,大臣李彦颖之子游手好闲,甚至闹市杀伤人命,最终牵连其父贬官免职。秦桧子孙则自恃祖上权重,多有不法行为,其孙女所爱的狮猫亡失后,此女竟令临安府尹查找,临安府三班六房齐出动,画了猫像,满街张贴,大街小巷,遍处找寻。养猫之家,都得抱猫去都监府前排队,等待登记、查验。

总体而言,宋朝"官二代"至少不比其他任何朝代差。元朝的"旧臣勋阀"子弟有世袭官职的特权,"权豪势要之家"甚至可以"打死人不偿命";清后期的"八旗子弟"也差不多成了游手好闲、好逸恶劳之辈的代名词。群体性的"官二代"腐化现象,在宋朝是没有的。

宋人在约束"官二代"方面是"内外兼修"的。其约束机制,简单说,可分为两种:一是道德、风俗的"软约束",一是法律、制度的"硬约束"。

宋朝的士大夫家庭很重视培养子孙的品行。中国家族宗法制到宋朝时出现了显著的繁荣。许多我们现在熟知的宋朝士大夫,都留下了家训,如范仲淹有《义庄规矩》,司马光有《家范》,包拯有《家训》,黄庭坚有《家戒》,袁采有《袁氏世范》,陆游有《放翁家训》,赵鼎有《家训笔录》,朱熹有《家训》,陆九韶有《居家制用》,叶梦得有《石林家训》,等等。

宋朝士大夫家训不仅数量多,而且很注重对家人的品德教化,包括告诫官宦子弟不可骄横。

包拯的家训很简单,全文只有一句话:"后世子孙仕宦,有犯赃滥者,不得放归本家;亡殁之后,不得葬于大茔之中。不从吾志,非吾子孙。"在宗法时代,"开除家籍"比要人的命还厉害,所以约束力非同小可。包拯的子孙到底也没有辱没祖宗,其子包绶、其孙包永年都居官清正,留有廉声。

袁采的家训则以细致入微见长,如在"子孙勿得败祖德"条中,他列举了官宦子弟不肖的种种危害:"富家之子孙不肖,不过耽酒、好色、赌博、近小人，破家之事而已；贵宦之子孙不止此也。其居乡也，强索人之酒食，强贷人之钱财，强借人之物而不还，强买人之物而不偿；亲近群小，则使之假势以陵人；侵害善良，则多致饰词以妄讼"，最后必"误其父祖陷于刑辟也"。

简言之，官宦子弟不肖，后果要比富家子弟不肖严重得多，所以袁采告诫说，后世当家之人，要特别注意防止子孙做出不肖之事："凡为人父祖者，宜知此事，常关防，更常询访，或庶几焉。"

宋朝士大夫重家训，并非无因。一个深刻的历史背景是，汉唐时代的门阀世族到了宋朝已经烟消云散，政治不再被世族垄断，而是以科举的方式向全民开放，"取士不问世家"。虽说宋朝保留甚至扩大了官员子弟的"恩荫"之制，但科考已是取士的主流，绝大多数的官宦子弟必须跟平民子弟同场竞技。

既然没啥千年的世家，就意味着门楣可有跌宕之虞。宋朝的士大夫家族对此有深切的危机感，如果子孙不肖，便会在竞争中被淘汰。黄庭坚曾亲见"衣冠世族金珠满堂"，不数年间，已呈"废田不耕，空囷不给"的败象；又数年，整个家族完全败落了，子弟招惹官司，流落街头。所以黄庭坚作《家戒》，"以为吾族之鉴"。

另一个历史背景则是，宋朝"以儒立国，而儒道之振独优于前代"，家训的兴起与儒家的复兴同步。宋朝君与士共治天下，儒家士人的价值观便成了整个社会的主流价值观。一个人（包括"官二代"）处于儒家道德规范下，会感受到无形的压力，干了太出格、太丢人的事，士林舆论的唾沫星子都可将他淹没。

我们肯定想象不出范仲淹、司马光的子孙敢像小说和杂剧中的"高衙内"那样肆无忌惮，公然在闹市欺男霸女。即使法律不管，也丢不起自己祖宗的脸。

　　当然，"软约束"并不是对任何人都有效，所以"硬约束"必不可少。任何道德规范都必须由法律来支撑。

　　北宋时，"长安多仕族子弟，恃荫纵横"。其中有个李姓衙内尤其横暴，其父乃知永兴军陈尧咨的旧交；又如参知政事吕惠卿之弟吕升卿曾指使知县"强买民田"；翰林学士赵彦若的儿子赵仁恕枉法贪赃，且私制酷刑，迫害无辜；当过浙西提点刑狱官的胡颖，也有子侄"交游非类"，把持乡里。

　　问题是，官宦子弟横行不法，作为"硬约束"的法律能作出公正的惩罚还是给予豁免的特权？

　　在司法理念上，用司马光的话来说就是："有罪则刑之，虽贵

[北宋]李公麟《西园雅集图》(局部)

为公卿,亲为兄弟,近在耳目之前,皆不可宽假。"体现在司法制度上,宋朝已确立了"独立审判"的原则,按规定,州县法官独立进行审判,不得征求上级法司的意见;上级法司如果干预州县法官审判,则以违制追究责任;御史台"勘事不得奏援引圣旨及于中书取意",即法官可以不必理会皇帝与宰相的意见。

在这样的制度约束下,前面提到的几个横行不法的"官二代",都受到了惩罚。陈尧咨知永兴军后,立即就严惩了那帮"恃荫纵横"的"官二代",包括他旧交的儿子李衙内;胡颖也将他的不肖子侄法办了,胡家一个叫作黄百七的家仆还被杖一百,戴枷示众五日。

　　如果说陈尧咨、胡颖为官严厉，其"大义灭亲"之举似乎有"人治"之嫌，不足以证明法律与制度对于官宦子弟的"硬约束"效力，那么我们来看另外的例子。

　　吕升卿强买民田一事，被御史中丞邓绾获知，邓绾即上书检举，连其兄长吕惠卿也被弹劾，随后吕惠卿被罢去参知政事，吕升卿也被降职处理；赵仁恕的劣迹亦为提刑官告发，立案查办；李彦颖因为儿子"殴人至死"，也遭谏官弹劾，"奉祠镌秩"，即降级，给一个闲职。

　　这里有个细节请注意，弹劾吕惠卿兄弟的御史邓绾，并不是什么正派的官员，吕氏兄弟受到处分，是宋朝健全的监察制度良好运行的结果。

　　宋朝的台谏系统完全独立于行政系统，掌监察、司法、审查之权，与政府形成"二权分立"之势，这使得制度性的"硬约束"特别有力量。赵仁恕被立案查办后，因为初审法官作出轻判，朝中台谏官接二连三上疏弹劾，在台谏的强大压力下，赵仁恕最后被流放陈州，看管起来，其父赵彦若也被罢职。

　　除此以外，对于"官二代"参加科举，朝廷的制度也非常严格。科举考试中废除明显偏袒贵势之家的"公荐"制度；建立皇家子弟应试的"宗子试"制度；而主考官的子弟、亲戚参加考试还须另立考场，别派考官，称之为"别头试"。此外，官宦之家的子弟若靠恩荫为官，则对官品、官阶、所任差遣都有一定的限制，且官员子弟如有犯法，亲族及保举者须连带受罚。宋朝所制定的科举防禁制度为后世历朝仿效。

明清的"官二代"

文 叶克飞

中国历史上"官二代"的命运,与所处时代的政治清明度、社会风气息息相关。"官二代"中名臣辈出之时,往往是盛世,制度约束力强;腐化堕落的"官二代"占比较高时,往往政治黑暗,二者甚至形成恶性循环,最终使得"官二代"成为王朝倾覆的陪葬者。

政治清明程度,与士大夫阶层的精神独立性密切相关,同时深受政治的影响。中国士大夫阶层的独立性基本上是一条逐渐狭小的胡同。从两宋往后,"官二代"是一代不如一代。

如果以明清两朝整体与前朝相比,人们会发现如唐朝的李德裕、宋朝一众父子宰相等的"官二代"正循环机制消失了,取而代之的是"官二代"全面堕落。

历史上的权臣大多不笨,很多"官二代"也极聪明。但若权臣当道、朝纲不振,越聪明的"官二代"往往危害越大。比如明朝的权臣严嵩与其子严世蕃,就是典型例子。非进士出身的严世蕃,因"我爹是严嵩"便得做高官,官场人称"小阁老"。小阁老虽非科班出身,但极聪明,过目不忘,对朝廷典章制度信手拈来,是处理政务的好手。严嵩晚年,精力不佳,政务全部委托严世蕃处理。而且,嘉靖帝的手诏经常不知所云,"语多不可晓",连严嵩都经常看不懂,可严世蕃却总能理解,且非常能揣摩上意,做出满意答复。这样的人物,若生于制度完善、对权力有足够约束力的年代,自是大才,可在政治黑暗的年代,却是大恶。

难道是明清两朝的官员选拔制度不行?表面上恰恰相反,明朝与清朝恩荫制度较之唐宋元三朝大大收缩,科举制度进一步完善,官员选拔以科举为正途,每次科举录取人数也大大多于前朝,恩荫反倒成了独木桥式的窄路子。

如果从制度上看,应该有利于官民公平竞争,但实际并非如此,士林风气在明清两朝的堕落使得选拔制度变得黑暗,明清科举由"官二代"引发的舞弊案比唐宋大为增多。

如鼎鼎大名的张居正,他三个儿子在其首辅任内考中进士,其中二子嗣修中榜眼,三子懋修中状元。百姓不是傻子,北京流传一个段子:张公若不身亡,四官定做探花郎。明朝笔记中对张居正如何使儿子中进士的故事非常多。

清朝就更别提了,科举弊案自打清军占领北京第十四年就开始露头;咸丰八年(1858)科举弊案中,连京剧票友都能考中进士,科举制度已经沦为笑话。

说"官二代"不能不说士林风气,唐宋两朝确立"君与士大夫共治天下"的政治格局,令士大夫阶层成为社会中举足轻重的力量,但皇帝始终不甘心与士大夫分权。明清皇权打压士大夫阶层,导致社会开放程度不高,官场风气不佳,士大夫阶层犬儒化。

明清士大夫阶层的堕落是皇权不断加强的结果,从宰相的地位变迁我们可以略窥一二。宋朝以前,作为文官集团首脑的宰相权力极大,一直在皇帝面前有法定的座席。但从宋太祖给宰相赵普撤席开始,宰相从此只能站立在皇帝面前。但宋朝因为儒家复兴,士大夫在皇权面前仍保留极大的独立性。

明朝从朱元璋开始废相,把宰相之权分之内阁六部,是皇权对士大夫阶层的一次重要胜利,明朝内阁虽有宰相的影子,实际却成了皇帝的秘书处。

到了清朝,士大夫的独立人格随着各种各样的文字狱,彻底被收拾干净。"九州生气恃风雷,万马齐喑究可哀",龚自珍这句名言是对清朝士大夫状况最好的概括。明清两朝中央集权大大加强,思想控制极严,社会开放程度不高,官场风气不佳,这才导致了"官二代"难出人才。统治者利用恩荫的缩窄,科举的选拔面增大,以及"八股取士"的贯彻,达到打压现有官僚集团,同时控制读书人、进行洗脑的双重目的。

尤其是清朝,敢把唾沫星子吐到皇帝脸上的诤臣销声匿迹,而是出现集体犬儒化倾向,"官二代"(尤其是八旗子弟)的素质也呈直线下滑趋势。

"你懂的"

文 李夏恩

在中国古代礼法中，尊者、长辈的名是不能直呼的，由此产生了一种今天看来既有趣又荒谬的规矩——避讳。

在国家政治生活与民间对接的桥梁中，那些看不到、摸不着的隐喻、隐语是构成这个国家语言系统的重要部分，它的指代性时而模糊、时而明确，或幽默，或刻薄，或严酷，充分反映了升斗小民对政治的看法以及政治对他们的影响与限制。

在甲骨上雕刻和在帛纸上书写的感觉肯定不一样，前者只能一刀一刀费力刻画，后者却可以运笔如飞。但甲骨文和纸上文字最大的区别却并非省力或费力，亦非字形，而是内容：前者秉笔直书，直言不讳；后者却时时曲笔讳饰，遮遮掩掩，所谓笔不由心，口是心非。

也许恰恰是因为甲骨刻画费力，所以上古先人才懒于制造出各式各样的禁忌避讳来隐藏自己的意图。所谓"夏之政忠"，翻看记载上古君臣言论的《尚书》就会发现，不仅君主的名字可以叫来叫去，不必避讳，就连恐吓威胁也是赤裸裸不加掩饰的："弗用命，戮于社，予则孥戮汝。"——如果不听话，不仅杀了你，还要灭你全家。

甲骨文中大都是直截了当的简单对答，在一则最典型的卜辞中,商王很直白地占卜道："不好,有祸患,到五月丁酉日,西边将有灾祸。"("有祟,其有来戚。乞至五日丁酉,允有来戚自西。")卜者也很直白地告诉君上,确实有土方工方两个方国对东西边境发起进攻。("土方征于我东鄙,灾二邑;工方亦侵我西鄙田。")君臣之间并不懂得什么是委婉,什么是报喜不报忧。

但也恰恰在这个时代,历史上第一句"政治隐语"被制造出来。那就是民众对夏朝末年暴君桀的那句耳熟能详的诅咒:"时日曷丧,予及汝皆亡!"

没有什么比这句话更能表现出民众对领导者的极度憎恶了。但这句话最巧妙的地方是,它不仅恰当地使用了比喻,将人间的主宰君主比作天空的主宰太阳,更是一语双关,因为在上古时,"日"与"帝"的发音是相近的,只要别有用心的人把舌头稍微拐一拐,"时日曷丧"就变成"时帝曷丧"。

为何人们要采取隐语的方式去诅咒君主,却不像以前一样直言不讳地批评君主的过失?原因只有一个,直言进谏付出的代价是死亡,所以人们只能把真实想法小心地包裹起来,用隐晦的语言将其道出——政治隐语是被恐惧和愤怒逼出来的无可奈何的"艺术"。

语言和文字原本是为了让人与人之间的交流变得直观而明晰,但最后却用来将真实的看法和观点包裹起来,没有什么比这一矛盾更具讽刺性了。

恰恰是从这句话开始,人们发现隐语有时比直言更有力量,将自己的观点稍加修饰,就像把礼物装在一个漂亮盒子里一样,用隐语的方式推销自己的观点和意图,更能引发他人拆开包装时的好奇和兴趣,唯一需要注意的是不要包裹得太多太烦琐,以致让人失去耐心。

伊尹一定谙熟个中之道，这位辅佐成汤灭夏建立商朝基业的贤臣，正是使用政治隐语赢得了成汤的信任。史籍记载，在第一次拜见成汤时，伊尹扛着一只烹饪用的大鼎，用食物的滋味作喻向成汤陈述自己的政治主张。这段精彩的对话虽然没有流传下来，但后世却有无数人将伊尹作为效法的楷模。

春秋战国时代在列国间奔走，宣扬自己主张的"诸子百家"，几乎都会采用伊尹当年的手法来说动君主，翻翻《国语》《战国策》就会发现，这方法屡试不爽。无论是将自己比作泥沼中悠闲的乌龟而谢绝官爵的庄子，还是苦恼于鱼和熊掌之间抉择的亚圣孟子，都是伊尹的效仿者。

这种用讽喻来表达自己主张的方法，也就是所谓的"讽谏"。这种"不能明说"的语言艺术是一种思维工具。但政治隐语另一个重要功能却是禁止思考，体现为"避讳"。

避讳，顾名思义，就是被禁止的话语。在夏商两朝，只有遇到桀纣这样的残暴君主，直话直说才会面临危机转而用讳语，但进入礼乐文明的周朝后，避讳成了一种常态。

首先出现的，也是最重要的避讳，就是君主的名字。第一个被避讳的名字可能就是周朝开国之君周武王的名字"发"。在提到武王的名字时，不能说"发"，只能用"某"来代替。这一趋势到了后来，甚至发展成假使有别人的名字和君主的名字相同，都要避讳。春秋时宋武公的名字叫"司空"，所以宋国就把官名"司空"改为"司功"，晋僖侯的名字叫"司徒"，所以晋国的司徒也被改为"司城"。

避讳的方法相对来说比较容易，一般来说，如果某个字需要避讳的话，只需要用另一个字去替换一下，或者在读到这个字时改读另一种读音即可。唐朝以降，还可以用缺笔的方法，比如《红楼梦》里面提到林黛玉在读书时凡遇到母亲贾敏的"敏"字时都念成"密"，写到"敏"字时，都会缺一两笔。

这仅仅是开始，被禁止的字会随着后续君主的出现越来越多，而且避讳的方式也花样翻新。如果你生在像秦朝这样的短命朝代，那么你只需要忍受为避秦始皇嬴政的名讳把"正月"改为"端月"的麻烦。

倘使你生在汉朝这样绵延400多年有着24位皇帝的朝代，那你需要在避讳的丛林里小心行事。你不能说"邦国"只能说"封国"，因为汉高祖名叫刘邦；同样，你也不能说"启动"只能说"开动"，因为汉景帝的名字叫刘启。

你还不能文雅地说养了一只雉鸡，而只能说自己养了只野鸡，因为汉朝官方规定为避吕后的名讳，所有的"雉"都必须改为"野鸡"。即使你是像东汉严光那样，和光武帝一起睡觉时可以把脚压在皇帝肚子上的天下名士，也难逃避讳之殃，严光原来不姓"严"，而姓"庄"，他之所以姓了"严"，是因为那位被他压了肚子的皇帝，有个儿子名叫刘庄，日后也是皇帝。同样被改了姓的不只是严光，还有被后世尊为"后圣"的荀子，因为汉宣帝的名字叫刘询，所以只能委屈荀子改姓"孙"。

汉朝的避讳纵然烦琐，但比起后世来说可谓小巫见大巫。北齐时的著名儒士熊安生，在拜见当朝权贵和士开与徐之才时，因为和士开的父亲名安，徐之才的父亲名雄，所以熊安生为了避这两人的家讳，在他们面前只能自称"触触生"。

隋朝时，因为开国皇帝隋文帝的父亲名叫杨忠，所以整个朝代都不准提"忠"字,也难怪这个朝代最终被一群不忠的叛臣灭掉。尽管唐朝皇室奉佛甚笃,但即使是神灵也不得不在避讳制度前退避三舍,因为唐太宗名叫李世民,所以"观世音菩萨"就变成了"观音菩萨"。

唐朝也有一个和汉朝严光遭际相同的人,就是刘知幾,因为唐玄宗名李隆基,不仅"基"字要避,就连和"基"音相近的字也要避讳,于是终唐一朝,刘知幾都按照他的字被称为"刘子玄"。但成了"刘子玄"也非一劳永逸,到了清朝,他的玄字又触了康熙皇帝玄烨的御讳,所以他又成了"刘子元"。

一般来说,避讳有时不仅避本字,还会避与这个字音同形近

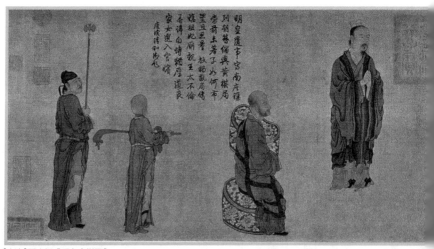

[南唐]周文矩《明皇会棋图》

的字,被称为"避嫌名"。"嫌名"一般规定并不严格,但宋朝的"嫌名"避讳到了令人瞠目的地步,根据《礼部韵略》所记,宋高宗名讳"构"延及的嫌名如"遘、购、媾、篝、傋、菁、够"等,多达55个字,可谓前无古人。人们只能期盼皇帝能体恤民情,起个无论是读音还是字形都罕见的名字。

与"避讳"的茁壮成长相比,政治隐语真正的嫡子"讽谏"却日渐萎靡,一蹶不振。

战国时期,倘使讽谏出格激怒了一位国君,游士至少还可以转投他国;而竞争下的列国诸侯,即使是为了赢得好贤养士的名声也会容忍士人过分的话语。但一统天下的帝王却不会轻易宽容

不敬的行为，秦始皇"以古非今者族"的严令使胆敢借古人故事讽谏今日政事的士人胆战心惊，当"大不敬"在汉朝成为一项重罪时，讽谏就只能黯然退场了。

汉朝的东方朔是最后一个在讽谏史上留下名字的臣僚，他之所以能全身而退，也是因为他"时观察颜色"，而汉武帝也只是拿他当成倡优小丑之类来蓄养。

能在讽谏后逃脱诛罚的恐怕也只有倡优小丑，或者是市井无赖，因为没有人会把他们的话当真。朝堂上的讽谏沦为市井讽刺笑话，不过是博得一笑而已；反而是避讳需要正襟危坐，不可笑谈视之。

就在避讳严苛的宋朝，产生了历史上最有趣的政治讽刺笑话。宋宁宗时期的临安民众对宰相韩侂胄结党揽权甚为不满，但又无法公开表达，于是，一群"市井小人"印刷了一批"乌贼出地没于潮"的小册子，分发给小孩儿，以一钱一本的价格公开贩售，同时还让他们高声叫卖："满潮（朝）都是贼！满潮（朝）都是贼！"

但这不过是政治讽刺的昙花一现，因为很快，它将遭遇自己最大敌人的全面进攻，这个敌人也就是它的双生兄弟——避讳。尽管讽刺与避讳都包裹自己的真实意图，但讽刺的目的是为了吸引人打开，而避讳则是禁止开启。

"雍乾之际，避讳甚严"，避讳的地雷处处皆是，很多时候甚至莫名其妙。

康熙时代的文坛祭酒王士禛，死了已经十年，却因为新即位的雍正皇帝名胤禛，被迫改名"王士正"，后来又被钦命改为"王士祯"；北宋的开国皇帝赵匡胤变成了"赵匡允"，就连前朝的崇祯皇帝都成了"崇正皇帝"。

讽谏也遭受摧折。当乾隆皇帝的宠臣、被视为"清朝东方朔"的纪晓岚委婉地劝谏东南财力竭尽恳请救济时，皇帝斥责说："朕以汝文学尚优，故使领四库书馆，实不过以倡优蓄之，汝何敢妄谈国事！"这是一个开不起也开不得政治玩笑的时代，即使是倡优也不行。

"不敢说，可不敢说，非常不敢说"，这是康雍年间的文士张贵胜编纂的笑话集《遣愁集》中收录的故事里的一句话。五代时期宰相冯道的一个门客在为冯道念《道德经》的头一句"道可道，非常道"时，因为冯道名"道"字"可道"，只得将所有的"道"，都改成"不敢说"。

像生活在康乾盛世的大多数文人一样，谈论古事或是嘲笑古人也许是满足自己写作癖的比较保险的办法，"议论时政"被称为"妄议国政"，乃是一条杀头重罪。所以像张贵胜这样从古书上将摘抄的古代名人逸事编辑成书出版，或许是再安全不过的了。但即使如此，也有可能背上"借古讽今"的罪名。

乾隆五十二年（1787），清朝最大规模的文化工程《四库全书》已经全部编纂完毕，进入复勘阶段，但一个名叫祝堃的详校官却从一本品鉴历代收藏画作的小册子《读画录》中嗅到了可疑的气息。

这可疑的气息来自书中"人皆汉魏上，花亦义熙余"的诗句。这句诗在一般人看来没有任何可疑之处，不过是抒发一下作者周亮工追慕魏晋风度的情感，但在乾隆皇帝眼中，这是一首不折不扣的逆诗。所谓"义熙余"，乃是套用陶渊明一个相当冷僻的典故，义熙乃是东晋末年安帝的最后一个年号，据说陶渊明所著文章年月,在义熙之前,都用东晋年号,之后唯书甲子,不书刘宋年号。想那周亮工原是前朝进士,后来入清为官,难保他不是借陶渊明的典故暗喻心怀前朝,于是原先收入四库的周氏所有书籍全部被抽出销毁。

周亮工算是在这场康乾时期的文化运动中逃过一劫,因为他死在100多年前,倘使他活到乾隆时代,必定难逃灭族之灾。在这场由皇帝亲自策划发动的文化清剿运动中,很少有人能够成为漏网之鱼。

过去文士试图用政治隐语将自己的抗议或政见隐晦地表达出来,但现在,皇帝早已谙熟文人这一套,开始以其人之道还治其人之身。

莫说是真的有政治隐语暗藏其间,即使没有,皇帝和他的臣僚也会挖地三尺,从中寻出那些散发着悖逆气息的违碍字句来:"维民所止"是影射雍正无头;"明月有情还顾我,清风无意不留人",是"思念明朝,出语诋毁,大逆不道";胡中藻《坚磨生诗钞》中"清浊"和"浊清"自然是毁谤本朝,最可恶的是竟敢说皇帝训谕乃是"下眼训平夷";那名叫刘三元的"疯汉",竟然胆敢梦见神道称他是汉室后裔,这分明是要兴汉灭满的悖逆狂徒;还有一个叫高治清的老头儿,一听名字就知道此人必是心怀怨望的逆贼。

清朝帝王对隐藏在字里行间的政治隐语如此穷追猛打,让人误以为是罹染了偏执狂或是迫害狂的心理疾病,但事实却远没有如此简单,皇帝真正的目的是希望能杀鸡儆猴,制造一种集体恐慌,使人们不敢轻易玩弄文字,挑战最高权威。

皇帝苛察的直接后果是促使人们进行自我审查,因为没有人能料到皇帝究竟会对哪一个字哪一句话产生"兴趣",所以文人们只能无限地发挥自己的想象力,将一切都视为可能触犯禁忌的地雷。没有什么比自我审查更能彻底地驱赶不安分的思想,也正是通过这种方法,避讳深深地根植于人们的头脑中,并且成为支配所有思考和书写活动的深层潜意识。就像乾隆在一道谕旨中所说的那样,"俾愚众知所炯戒",让这些愚民引以为戒。

最安全的方法,就是管住那些不安分的手和不老实的嘴。也许就像冯道门客那句名言所说的才是最保险的:"不敢说,叫不敢说,非常不敢说。"

古代的祥瑞

文 叶克飞

　　大明永乐十二年（1414），榜葛剌的贡使来朝，他们送来了一种奇特的动物，"前足高九尺，后六尺，颈长丈六尺，有二短角，牛尾，鹿身"。动物一上岸，就有好事者大呼："这不就是麒麟吗？"

　　在中国古代的瑞兽里，麒麟绝对是稳占头把交椅的，只是麒麟到底是啥玩意，谁也没有个定论。但此时，番外之人进献的动物，和传说中长角的麒麟岂不就是"一模一样"吗？于是官员们激动了，翰林院修撰沈度连忙施展生花妙笔写下《瑞应麒麟颂》，表示这样的瑞兽只有太平盛世才会出现："臣闻圣人有至仁之德，通乎幽明，则麒麟出。"

　　麒麟出，那自己不就是圣人了吗？永乐皇帝心花怒放，他命宫中画师画了一幅画以传后世。今人终于从这幅画中看到了这只麒麟的真容——就是一头长颈鹿。

　　长颈鹿成了祥瑞，是中国古代一出经典的祥瑞喜剧。不管是政治清明还是腐朽黑暗，祥瑞都是政治中的一部分。有时，祥瑞为太平盛世锦上添花，有时则关乎政权或帝王的合法性，有时甚至是王朝的救命稻草。

明人画《瑞应麒麟图》(局部)

祥瑞概念与"天人感应"

祥瑞又称符瑞,儒家将其定义为表达天意、对人有益的自然现象。祥瑞种类极多,"五灵"等级最高,也就是麒麟、凤凰、龟、龙和白虎,有"麟凤五灵,王者之嘉瑞"的说法,之后则是大瑞、上瑞、中瑞、下瑞。

《新唐书》记载:"凡景星、庆云为大瑞,其名物六十有四;白狼、赤兔为上瑞,其名物三十有八;苍乌、赤雁为中瑞,其名物三十有二;嘉禾、芝草、木连理为下瑞,其名物十四。"简单来说,大瑞多为天象,上瑞多是走兽,中瑞则是飞禽,下瑞是植物。唐朝之后,祥瑞品种不断增加,铜鼎、铜钟、玉璧等礼器也被列为瑞物,统称"杂瑞"。

祥瑞的政治化诠释起源很早,《淮南子》中有将黄帝的政绩政声与大自然联系在一起的记载。在目前已发现的甲骨刻辞中,有一片非常著名的"小臣墙刻辞"。学界有人考证,该刻辞中的"白麟"是中国见载的最早的祥瑞。

西汉时期,董仲舒正式确立了天人感应理论,认为"天"有意识,可以看到世间一切。若君王无道,天降灾异;若君王有德,天降祥瑞以褒奖。儒家体系逐渐将其泛道德化,变成了"人在做,天在看"之类的通俗价值观。

祥瑞还关乎改朝换代的合法性。古代王朝更替频繁,天命的呈现方式是"有非力之所能致而自至者",也就是祥瑞。如周武王伐纣,就有著名的"凤鸣岐山"祥瑞;曹丕篡汉时,就有"麒麟降生""凤凰来仪"和"黄龙出现"等祥瑞。

祥瑞和与之相对的灾异还有个重要作用,即儒家的参政工具,是君臣之间的平衡器。每当臣子要劝诫君王时,常以灾异为引子,将之归为君王某种不当行为引发的上天惩罚,以此约束君王。两汉时期,睦孟、夏侯胜和刘向等人都曾通过祥瑞和灾异劝诫帝王。

更多时候,臣子以祥瑞为工具,谋取利益,或进行劝进,或当成政绩。关于两汉时期,就有"两汉多凤凰""光武信谶书"的说法,可见以祥瑞渲染政绩是两汉时期十分常见的政治手段。

皇帝出生必有祥瑞

在史书中,号称"真命天子"的皇帝出生都必有异象,也就是祥瑞。汉高祖刘邦的母亲在大泽旁睡觉,梦中与化身为龙的神灵媾合,"已而有身,遂产高祖"。

南朝沈约认为"符瑞之义大矣",因此在编纂《宋书》时首创《符瑞志》,对两汉以来的祥瑞进行了总结。作为开国皇帝,南朝宋武帝刘裕自然值得大书特书。刘裕出生时有异象,"始生之夜,有神光照室"。

汉光武帝刘秀的诞生更是奇异,《符瑞志》载,"时有赤光,室中皆明"。此外,还有嘉禾出现,"一茎九穗,长大于凡禾,县界大丰熟,故名帝曰秀"。

此外,孙权出生前,其母"梦日入怀";魏文帝曹丕出生时"有云气青色而圜如车盖,当其上终日,望气者以为至贵之征,非人臣之气";东晋元帝司马睿出生时也是"有光照室,室内尽明"。

类似记载还有很多——隋炀帝杨广出生时"有红光竟天,宫中甚惊,是时牛马皆鸣";唐太宗李世民出生时"有二龙戏于馆门之外,三日而去";宋太祖赵匡胤出生时"赤光绕室,异香经宿不散,体有金色,三日不变";宋真宗出生前"五星从镇星聚奎";宋英宗生时"赤光满堂,或见黄龙游光中";宋神宗生时"群鼠吐五色气成云"。

名臣的出生或上任也往往会有祥瑞出现,最知名的当属留下了诗句"人生自古谁无死,留取丹心照汗青"的文天祥。文天祥出生时,据说文家屋顶有云霞笼罩,其父文仪对此子寄望甚高,故取字"天祥",后又以"天祥"二字为名。

文天祥本人也曾被当成大宋朝的祥瑞,其名字有"天之祥,宋之瑞"之意。他成年后赴京赶考,宋理宗见到其名字时,眼前一亮,朱笔一挥,将笔试名列第七的他点为状元。

帝王的执政合法性需要祥瑞站台

无论是以武力夺取政权的王朝,还是以禅让方式取得帝位的政权,无论是汉族政权,还是少数民族政权,为了表明自己顺应天命,都会努力制造祥瑞。

中国传统政治观念中,牝鸡司晨可谓大忌。女性当政的代表人物当属武则天,为了把大忌变成天命,她无比热爱祥瑞,不但笑纳官员们伪造的祥瑞,还主动参与制造。

武则天首先授意侄子武承嗣,暗中安排人在一块白石上刻紫砂文字"圣母临水,永昌帝业",然后让唐同泰进献,称此奇石为洛水中掘出。武则天借此奇石,自加尊号"圣母神皇"。这出"拜洛受图"不但宣布了武则天的执政合法性,还向群臣提供了一道进身之阶。

此后,有人称在并州文水县得到一块石头,上有"武兴"二字,武则天自然喜欢这二字,重赏其人不说,还把文水县改名为武兴县。

有人用红漆在一只龟的肚子上写上"天子万万年"的字样,当成瑞物呈送。凤阁侍郎李昭德拿刀子把红漆字刮掉,奏请武则天治献瑞者欺君之罪。可武则天却说此人虽然造假,但用心不坏,可以宽恕。

连监狱都响应了献瑞运动。当时,刑部关押着三百余名死刑犯。有人与之勾结,先是在囚房外伪造五尺长的巨人脚印,然后囚犯半夜喧闹,对狱长说看到了一个金面巨人,巨人说囚犯们都是冤枉的,但不用担心,天子即将大赦天下。为了应验这个巨人脚印,武则天改年号为"大足"并大赦天下。只是"大足"年号仅使用一年,便改元"长安",不知缘由。

宋太祖赵匡胤的死和宋太宗赵光义以"兄终弟及"的方式继位,其中传说极多,都暗示赵光义的皇位来路不正,到了太宗的儿子宋真宗时,制造祥瑞就成了首要的政治工作。

因此,宋真宗不惜贿赂执宰王旦为自己制造的祥瑞背书。于是大宋各地也纷纷出现祥瑞,有人献"嘉禾",有人称"龙见于云中",陕州官府竟然胆大包天,不惜以"黄河清"这个著名祥瑞题材哄官家高兴。

献瑞运动的参与者并非只有投机分子,也有忠臣。名相寇準此前被贬出汴梁,他见官家醉心祥瑞,于是不顾世人非议,将所谓的天书献给了宋真宗。一向唱反调的寇準竟然转性,当然令宋真宗惊喜不已,于是再度拜其为相。

在继位合法性的拷问中,宋真宗制造祥瑞的水平骑马都追不上清朝的雍正帝。早在雍正继位之初,关于他擅改遗诏、弑君篡位的传闻就开始流传。为昭示自己继位是秉承天意,雍正搬出了"祥瑞"。

据《养吉斋丛录》记载,雍正刚登基时就有神草出现。他在位仅仅13年,其间有"五星连珠""黄河清"等祥瑞,"景星""庆云"频频出现，"嘉禾"更是不计其数。

不过，雍正也不是什么祥瑞都照单全收。雍正十年（1732），新宁县发现嘉禾约18000穗。时任新宁县知事王喦上任仅一年就见到祥瑞，深感仕途有望，立刻献瑞。群臣按老规矩上奏，称这种多穗长茎的嘉禾十分罕见，请求庆贺。谁知雍正竟下旨称"朕从来不言祥瑞，数年以来，各省嘉禾瑞谷，悉令停其奏报"。此时的雍正，帝位已经牢固，不再需要祥瑞助力了。

唐朝祥瑞流程最为严谨

并不是每个在执政合法性上存疑的皇帝都会热衷祥瑞，比如通过"玄武门之变"上台的唐太宗李世民。

与历史上众多开国帝王一样，唐高祖李渊曾不断利用图谶、祥瑞为自己营造舆论。起兵初期，留守太原的李元吉就曾获一龙形青石，上书"李渊万吉"。但李世民即位后，称真正的祥瑞就是政治清明。其子唐高宗深受李世民影响，也很少接受献瑞。

唐朝政治制度完善，祥瑞管理体系也相当完备。唐律对祥瑞的奏报做了明确规定，形成了固定的仪制令，还有一套由地方到中央、由下到上的奏报程序。《唐律疏议》对诈称祥瑞的行为也做了规定，"诸诈为瑞应者，徒二年"。

在经历了武则天当政时的献瑞风潮后，此后几位唐朝皇帝也热衷祥瑞。唐玄宗时曾大兴祥瑞，名臣张说就留下了不少祥瑞颂，他早在武则天时代就是撰写祥瑞贺表的高手。唐朝祥瑞贺表的书写有固定格式，作者大都具备极高的文学素养，韩愈所作《贺庆云表》便是一例。

安史之乱后，唐肃宗、唐代宗均利用祥瑞提升民众信心。名将郭子仪曾称朔方宁朔县有嘉禾，认为这是唐肃宗务农敦本、光复社稷、救百姓于水火的瑞应。

但唐代宗之后的几位皇帝又开始下诏罢奏祥瑞。唐德宗执政期间，鄂州观察使何士幹曾献白鹿，唐德宗不纳。唐宪宗即位后，下诏称"所有祥瑞，但令准式申报有司，不得上闻"。

唐昭宗执政时，曾有紫气出于昭德殿东隅，太监还寻得金龙子一枚，群臣称贺。唐昭宗称"朕不以金龙为祥瑞，以偃息干戈为祥瑞"。唐朝中后期皇帝不喜祥瑞的原因有二：一是国力衰弱，无法大兴祥瑞；二是通过罢祥瑞，体现对人道的关注。

唐朝曾有一次重要的思想大讨论。柳宗元、刘禹锡等人都结合历史或政治问题阐发了"天人之际"的论题，赞扬"人道"而摒弃"天道"，主张天道与人事无关的"自然之说"，抨击天人感应说。

清朝的祥瑞

清朝皇帝对执政合法性问题十分在意。《清史稿》里关于祥瑞的记录数不胜数，每个皇帝出生时都有异征。五色祥云的祥瑞，自顺治至乾隆年间共出现36次。顺治至康熙年间，真龙则出现了24次。

清朝最不在乎祥瑞的皇帝是康熙，《清史稿》中有多次出现康熙拒绝献瑞的记载。比如于成龙曾献嘉禾，康熙认为"今夏干旱，幸而得雨，未足为瑞也"。他阅读史书时，也对历朝的各种祥瑞质疑。但在他之后，雍正因为执政合法性问题而热衷祥瑞，再之后的乾隆更是祥瑞爱好者。

也是在清朝，号称最吉天象的"五星连珠"频频出现。这个著名祥瑞在清朝以前的历史上也不多见，康熙读史时曾这样批

注："五星之行于天，度数不同，迟速各异，何由聚于一宿，虽史册书之，考诸天文，断之以理，终不可信。"

但在康熙之后，"五星连珠"反倒频繁起来，他的子孙们显然无视"终不可信"的批注。《养吉斋余录》记载，在雍正三年（1725）二月初二，乾隆二十六年（1761）正月初一，嘉庆四年（1799）四月初一，道光元年（1821）四月初一，都出现了此天象。五星连珠指金木水火土五星聚在天空一方，本是罕见天文现象，可百年间竟出现四次，显然是人为虚构。

清亡之后，祥瑞并未随之消亡。袁世凯复辟时，湖北宜昌一具早就存在的无头恐龙化石被写进游记，发表于杂志，当地官员还电告北京，称"有了祥瑞，石龙现身"。更荒唐的是，北京周边闹了蝗灾，有官员说捕来的蝗虫头上都有"王"字。

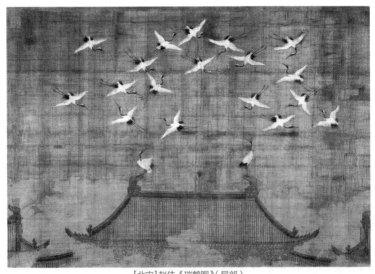

[北宋]赵佶《瑞鹤图》（局部）

皇帝的宠物

文 谭山山

　　人们喜欢养宠物寄托感情，皇帝自然也可能养宠物。而且，在养什么宠物、怎么对待宠物这些问题上，因为完全没有限制，皇帝们尽可由着性子胡来。

　　有给宠物起雅号的。唐武宗李炎还在做颖王时，王府中就养有许多动物。他将其中可人者列为十玩，分别有九皋处士（鹤）、长鸣都尉（鸡）、猩猩奴（猴）、长耳公（驴）、茸客（鹿）、玄素先生（白鸥）、灵寿子（龟）、守门使（犬）、鼠将（猫）、辩哥（鹦鹉）等雅号。

　　唐朝的皇帝，似乎都爱纵马斗鸡打猎玩鸟，尤其对鸟类更为偏爱。"太宗怀鹞"的典故出自李世民，事情是这样的：李世民得了一只漂亮的鹞子，正架在臂上把玩，抬眼看到魏徵，赶紧把鹞子藏到怀里。魏徵心知有异，就长篇大论地说了一通帝王应戒逸乐，以免玩物丧志的大道理，李世民只好耐着性子听着。等魏徵走后一看，鹞子已经闷死了。

　　唐玄宗时，闲殿使管理下的后宫五坊中，鸟类就占有四坊：雕坊、鹘坊、鹞坊、鹰坊。玄宗把所养的黄莺称为金衣公子，岭南进贡的一只白鹦鹉，雅号雪衣娘。雪衣娘会背诵诗篇、念《心经》，更厉害的是，它会帮李隆基赖棋。李隆基和杨贵妃、诸王博戏时，一且皇帝势头不好要输,侍从便赶紧召唤雪衣娘,雪衣娘就飞上棋盘乱扇乱踹,棋局也就不了了之。

有爱养大型动物的。元朝末代皇帝元顺帝养了一头大象,经过训练后可以在君臣宴乐时像模像样地跪拜起舞。据明人蒋一葵的《尧山堂外纪》记载,元亡后这头大象被朱元璋运至南京,"一日,上设宴使象舞,象伏不起,杀之"。也许是觉得大象比人忠诚,朱元璋让人做了两块木牌,一书"危不如象",一书"素不如象",挂在元朝降臣危素的双肩上。明武宗朱厚照则养豹。据《万历野获编》记载,武宗的西苑豹房里养了一只文豹,"至役勇士二百四十名,岁廪二千八百石,占地十顷,岁租七百金"。

有给自己的宠物封官的。北齐后主高纬(就是李商隐诗句"小怜玉体横陈夜,已报周师入晋阳"讽刺的那位)除了大肆给宫女、太监、俳优封官,他养的狗、马、鹰、鸡也被授以仪同、郡君、开府等官衔,还给它们特制官服、建造官邸,甚至可以上朝。

唐昭宗李晔最喜欢的宠物是只猴子,昭宗跟它形影不离,并"赐以绯袍,号孙供奉"。在唐朝,五品以上的官员才能服绯,也就是穿上大红色的官服,如此说来这位孙供奉的官阶至少也是五品。为此,连年落第的书生罗隐愤愤不平,写了首诗自嘲:"十二三年就试期,五湖烟月奈相违。何如学取孙供奉,一笑君王便着绯。"

有养宠物养到天怒人怨的。《促织》的故事大家都很熟悉了,起因就是明宣宗朱瞻基酷爱斗蟋蟀,每年都让各地采办上等蟋蟀来京。地方官员为了取悦皇帝,层层下达任务,甚至不产蟋蟀的地区也须进献,以致民间发生贴妇卖儿的事。其实朱瞻基总体上来说算个好皇帝,闲暇时斗斗蟋蟀也没什么,但弄到百姓家破人亡,就成了他的人生污点。

有面冷心热其实是宠物控的。清朝的雍正皇帝有两只爱犬，一只叫造化，一只叫百福。从雍正元年（1723）到雍正十年（1732），他十几次下旨，为的就是给爱犬缝制衣服、打造狗窝。

雍正五年（1727）正月十二日，雍正皇帝下旨："给造化狗做纺丝软里虎套头一件。再给百福狗做纺丝软里麒麟套头一件。"仅一个月后，雍正皇帝又下旨："原先做过的麒麟套头太大，亦甚硬，尔等再将棉花软衬套头做一份，要做小些。"到了雍正十年，也就是雍正在位的后期，再传旨："貂皮狗衣一件、猪皮狗衣一件，因圆明园随侍年久，经夏虫蛀落毛，难以应用，欲另换做貂皮衣一件。再做一木匣盛装。"

中国走得最远的皇家宠物，恐怕要算圆明园的一条京巴，1860年火烧圆明园，英军上尉哈特·邓恩抱走了一只京巴，取名为"嬴迖"，小狗远渡重洋，最后成了维多利亚女王的爱宠，它在白金汉宫的走廊里一直快乐地生活到1872年才死去。

方言、官话和翻译

🖋 陈彬彬

在古代，我国的疆域之内有着多种民族语言，而汉语更是一种多方言的语言。"吴楚则时伤轻浅，燕赵则多涉重浊，秦陇则去声为入，梁益则平声似去"，真是南腔北调。

古代方言的地区差异之大远超过今日，因为交通不便，即使邻村也可能老死不相往来，这也导致了古代缺少普适面广泛的共同语。

那么在古代，当来自四川的苏轼、来自江西的王安石和来自山西的司马光，这些中国历史上的文人聚集在一起时，他们用何种语言交流？当清朝的皇帝坐在太和殿的宝座上时，又是怎样听取汉人大臣汇报工作的？

古代也有普通话

《世说新语》记载，东晋佛学家支道林去吴地会见书法家王徽之，别人问他王氏兄弟怎么样，他犀利地回答："见一群白颈乌，但闻唤哑哑声。"支道林不愧是损人高手，"鸟语"一词就是出自这里，说的是当时的吴地方言。

这里的"鸟语"可并无半点白居易笔下"时时闻鸟语，处处是泉声"的诗情，也绝非含有"鸟语花香"的画意，而是古代中原人对南方化外之民深深的鄙视。

交流是建立在某一共同平台上的,如果没有共同语在中间作为桥梁,那么一个操着南腔的人和一个甩着北调的人交谈就如鸡同鸭讲。现在的普通话就是一种共同语。

共同语在古代被称为"雅言""通语","雅"训为"正","雅"和"夏"两字古音相通,"雅言"就是"夏言",西周王都一带是夏地,王都之音被认为是正音,所以夏地的语言就成了当时的通用语。

《论语·述而》:"子所雅言。《诗》《书》、执礼,皆雅言也。"鲁国的孔子给门生传授《诗》《书》等儒家经典时即用"雅言"。司马迁在《史记》里说孔子的弟子三千,如果孔夫子操着一口山东话,那估计很多来自其他诸侯国的学生都听不懂他讲课。

"官话"这个称谓,一直到明朝才出现。顾名思义,"官话"是指官吏所说的话,也是一种共同语。自从秦始皇"吞二周而亡诸侯",一统天下,朝廷内执事官员的地域来源情况就比以前更为复杂,东西南北,各地都有,若各地官员都使用自己的方言议论朝政大事,那势必无法沟通。

每个朝代都有共同语作为沟通的工具,而共同语的基础语音一般以王都所在地的语音为准。

北宋前期,寇準和丁谓在政事堂上,闲来无事就谈论天下语音何处为正,寇準言"唯西洛人得天下之中",丁谓不同意,认为"四方各有方言,唯读书人然后为正"。

读书人的读音属于文言,平常百姓哪里会懂?所以就实际情况而言,北宋的共同语当以久为帝都的汴洛音为正音。

寇準的家乡在陕西渭南,是标准的西北汉子,言语粗犷奔放,而丁谓虽先祖是河北人，但其家族五代时就迁居苏州，操一嘴吴侬软语，共事一朝的两人交流当以汴洛音为桥梁。

汴洛音是怎样的一个语音系统呢？此事不易考察，然可从曾慥《高斋漫录》一逸闻中稍得见识：

苏东坡曾经对钱穆父说："我们平时往来呀，根据家中财力行事就行了，聚餐时不必太铺张。"

钱穆父想，贵的请不起，不太铺张那是极易做到的。于是一天，钱穆父写信邀请苏东坡来家里吃"皛饭"，苏东坡兴致勃勃地应约，一看桌上只有饭一盂、萝卜一碟、白盐一盏，立刻明白了，所谓的"皛"即为三"白"。

过了几天，苏东坡回请钱穆父，约其食"毳饭"，穆父如约而至，等得饥肠辘辘都没有看见食物，质问东坡，东坡回答说："萝卜毛也，汤毛也，饭毛也。"

北宋时，东京汴梁一带方言"毛"音"模"，而"无"也音"模"。在拆字游戏中，苏轼拆"毳"为三"毛"，即为三"无"，所以等待钱穆父的只是空空的饭桌。如此，东坡巧妙地"报复"了钱穆父当初拆"皛"为三"白"戏弄他的仇。钱穆父只得叹曰："子瞻可谓善戏谑者也！"

我们现在所使用的共同语——普通话是以北京语音为基础音，以北方方言为基础方言的。明朝最初定都南京，明成祖北迁时，不仅带走了江淮地区的军队，还迁徙了南京地区十万多的居民。这一巨大人口数量改变了北京的人口结构，也改变了北京方言，使得江淮方言和北京方言相融合，成为明朝的官话。此时的方言融合，为后来的北京话提升为现代汉语普通话基础音起了奠基作用。

皇帝听臣下奏对也需要翻译官

官话没那么好学，而且官员大多要去地方为官，各地不懂官话的百姓自然占大多数。据说清朝有个捐官不懂官话，到任后，拜见上司寒暄数语，便聊了起来。

上司问道："所治贵地风土（自然环境和习俗）如何？"

捐官回答："并无大风，更少尘土。"

问："春花（鱼苗的一种）何如？"

答："今春棉花每亩二百八。"

问："绅粮（官粮）何如？"

答："卑职身量，足穿三尺六。"

问："百姓何如？"

答："白杏只有两棵，红杏不少。"

上司强调说："我问的是黎庶。"

捐官仍一本正经地相对："梨树甚多，所结果子甚少。"

上司再次提醒说："我不是问什么梨杏，我是问你的小民。"

捐官赶忙站起来道："卑职小名狗儿。"

上司围绕民事提出了一系列问题，捐官都以同音之词相对，因不懂官话，答非所问，笑话迭出。说官话最初是官吏们自发的行为，民间的平民百姓并没有说官话的必要。

"雍正六年（1728），奉旨以福建、广东人多不谙官话，着地方官训导，廷臣议以八年为限，举人、生员、贡、监、童生不谙官话者不准送试。"（清人俞正燮《癸巳存稿》）

已经具有高度汉文化水平的清朝皇帝雍正听不懂福建、广东人的方言，于是颁布政令，设立"正音书院"，聘任"正音教职"教授官话，于是官话开始有了朝民间普及的趋势。

然而这场运动效果不是很显著，清末两宫太后慈安、慈禧召见地方官员时，为了沟通方便，不得不打破历来关于"室内除了军机大臣以外不得有闲杂人等"的规矩，允许从领侍卫内大臣中挑选一人随同朝见，以充当翻译。

我国自古就是一个多民族的国家，到目前为止，已经发现了约80种民族语言。不同的民族有不同语言，现在回族、满族一般使用汉语，而其他少数民族大部分使用本民族的语言，如壮族说壮语，布依族说布依语，一些少数民族可能使用两种或两种以上的语言，如瑶族使用勉语、布努语和拉珈语等。

使用不同语言的人要想相互沟通交流，那就需要翻译官。我国古代，对口译人员的称呼很多，"舌人"就是其中之一。三国韦昭在《国语·周语中》注"舌人，能达异方之志，象胥之官"，清赵翼《同北墅漱田观西洋乐器》诗曰"年深习汉语，无烦舌人译"，因此"舌人"形象地指代了口语翻译官。

我国历朝都设有专门机构或专人专职从事翻译工作。仅就官职而言，周朝有"寄""象""译"等，秦汉时期有"九译令""译官令""译官丞"，南北朝有"译令史"，隋唐时期设置"通事舌人"，宋辽金时期分别有"润文史""译史""通事"，元朝设"怯里马赤"（蒙古语，指口语翻译），明朝有"译字生"，清朝设"通译官"。

这些翻译人员的级别不高，一些朝代的翻译人员甚至没有品级。清朝的通译官一般为七八品，光绪年间，各使馆的头等通译官始提高待遇，定为正五品，限额一名，严禁超编。

唐朝柳宗元在《柳州峒氓》诗中就提到了翻译官："郡城南下接通津，异服殊音不可亲。青箬裹盐归峒客，绿荷包饭趁虚人。

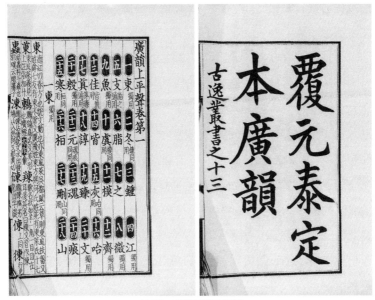

中国第一部官修韵书《广韵》

鹅毛御腊缝山鬾,鸡骨占年拜水神。愁向公庭问重译,欲投章甫作文身。"

元和十年（815）六月,柳宗元被贬谪到柳州,一待就是四年。"峒"是旧时对贵州、广西一带少数民族聚居地的泛称,"氓"就是草野之民,"柳州峒氓"就是指居住在柳州山区的少数民族。

从小在长安长大的柳宗元深谙汉语,但对少数民族的语言几无造诣,当其被下放到柳州这个通行少数民族语言之地时,公庭政事处理都需要借助翻译官。

元朝是我国历史上第一个由少数民族建立的大一统政权,统一后极力推行蒙古语，将其定为国语，又创制了八思巴文，因此元朝统治者整体上的汉文化水平不高。

然而统治偌大一个江山，不懂汉文化又行不通，所以元朝大臣需要给皇帝讲解汉文典籍，讲解时往往用当时口语逐词逐句翻译，这些记录还保存在他们的文集里，如许衡讲解《大学》中"如恶恶臭，如好好色"时，说"如臭秽之物，人见便嫌，是真个嫌；好的颜色，人见便爱，是真个爱"。这翻译好像也不怎么雅达。

随着清朝的国门被外国殖民者打开，西方列强纷纷拥入。为了交流的需要，也为了了解西方，拯救危亡中的清王朝，朝廷开始设立翻译学馆和翻译机构，培养人才学习各种外国语言，充当翻译。1862年，京师同文馆成立，设立了英文馆、法文馆、俄文馆、德文馆。

现在，翻译不仅有国家行为，还有民间行为。在不同语言无法顺利交流的场合，总能惊喜地发现翻译人员的存在，使语言的障碍不再成为问题。

古代翻译不好当

文 黎梦婷

关于翻译最早的记述出现在周朝,那时的"译"专职从事北方民族语言的翻译工作。《礼记·王制》如是记载:"五方之民,言语不通,嗜欲不同。达其志,通其欲,东方曰寄,南方曰象,西方曰狄鞮,北方曰译。"其中寄、象、狄鞮干的也是翻译的工作。

与今天相比,那时的翻译更像懂方言的信使,负责将大王的话传达给周边藩国。如果"万国来朝",他们自然也负有教授礼仪和充当翻译的职责。

在古代,精通多种语言的翻译人才同样是凤毛麟角。在《后汉书·南蛮传》中有这么一段:"交趾之南,有越裳国。周公居摄,越裳以三象重译而献白雉。""三象重译"就是连翻三种语言。越裳大概是今天的越南。

可以这样理解:为了向宗主国国君进贡白雉,越南使者的语言经历了越南话到广东话、湖南话、湖北话再到周文王能够听懂的陕西话的传递过程。

外邦来上贡,皇帝自然高兴,翻译的角色因为能上达天听,有时还能得到皇帝宠爱,家喻户晓的清朝大贪官和珅就是这样的语言天才。

和珅自小聪颖,10岁被选入咸安宫官学读书,精通汉、满、蒙、藏四门语言。野史总说和珅是因为貌美，酷似乾隆死去的妃子而成为朝中"第一宠臣"。事实上，八面玲珑的和珅也的确有出众才华，为清廷干过几桩漂亮的事。

由于具备独特的语言优势，和珅常常用多种文字帮助乾隆拟定诏书、翻译少数民族地区呈朝廷的奏文。乾隆四十五年（1780）之后还多次负责接待朝鲜、英国、安南、暹罗、缅甸、琉球和南掌等国的使者，毕竟"臣工中通晓西番字者，殊难其人，唯和珅承旨书谕，俱能办理秩如"。

乾隆五十七年（1792），马戛尔尼带领英国使团一行共800多人，携带英王乔治三世致中国皇帝的信件和丰盛的礼品访问中国，期望与清朝建立正常邦交，进一步扩大对华贸易。

和珅作为清朝方面接待的主要负责人，忠实贯彻乾隆"务直留心款待，不可过于优待，转为所轻"的指示，与洋人百般周旋。

双方在觐见礼节上发生冲突，英使团坚持以谒见英王陛下的单膝下跪代替"三跪九叩"，双方争持不下之际，还是和珅说服乾隆免了英国使团"三跪九叩"的礼节，当然，洋人想亲吻御手的礼节也万万不可。可见，和珅对于西方礼节也略知一二。

和高居庙堂之上的皇家翻译相比，随从外交使节到遥远异乡的翻译大多由民间招募而来，工作风险不是一般的大。途经大漠戈壁、雪山草地，风餐露宿简直是家常便饭。

公元前126年，38岁的张骞带着匈奴妻子以及一名随从回到阔别十三年的长安城，当年声势浩大的百人探险队只有两人生还。后人记住了张骞，却忽略了那名一路身兼翻译、护卫、向导多重职务的甘夫。

根据史料零碎地拼凑，我们可以猜测原是匈奴军人的甘夫大概是在汉文帝十四年（前166）的一场战役中被汉朝军队俘虏，并被作为奴隶赏赐给了汉文帝的女婿堂邑侯陈午做家奴。到张骞奉命出使大月氏的公元前138年，甘夫已经在堂邑侯府服役20多年，早已熟悉了汉朝的生活，成为堂邑侯府一名地位较高的忠诚老奴。

因此，当张骞招募西域使团成员的时候，汉武帝立马想到了岳父家精通西域语言的老奴甘夫。《史记》中记载甘夫"善射"，身强体壮还有武艺傍身，甘夫就这样成了百人探险队伍里的重要成员。

只是谁都没想到，大部队从陇西出发，才到河西走廊，就被匈奴骑兵队俘虏，并遭软禁达十年之久。张骞被迫在匈奴王庭娶妻生子，随行人数锐减。当剩余的一行人趁着匈奴内乱逃出来，重新踏上西去道路的时候，还面临着缺水缺食的困境，不少随从因此途中倒毙。

甘夫在绝境射杀禽兽聊以充饥，帮助张骞渡过难关。可以说，如果没有甘夫的忠诚护主，张骞极有可能就此命殒荒漠之中，玉门关以西的世界对于汉朝人而言有可能一直都会是一片空白。

一陆一海两条丝绸之路共同构成了我国古代外贸的两条大动脉。同为外贸道路随从翻译，与甘夫在《史记》上寥寥数笔的记载不同，随同郑和下西洋的明朝通事马欢，却给后人留下了许多事迹。

马欢是回族人，因为精通阿拉伯语、波斯语，曾随郑和船队三次下西洋，同时肩负外事翻译的重任。

1432年，在他最后一次远航来到古里国（今属印度）时，适逢古里使团要前往天方国（今属沙特阿拉伯）麦加朝圣。于是，太监洪保就派了马欢等7人组成天朝使团,带着麝香、瓷器等器物一并前往。

在麦加生活的三个月里,马欢见到了庄严华丽的天堂礼拜寺、各种奇珍异兽,那里的"国人悉遵教规行事","民风和美"得让他甚至觉得来到了"极乐之界"。临走前,他不仅购买了深受明朝王公大臣喜爱的麒麟(长颈鹿)、鸵鸟等珍禽异兽,还摹绘了一幅天堂图真本,据说这是我国最早的一份麦加地图。

马欢所著《瀛涯胜览》记录了他到过的20个国家的航路、地理、政治风俗,也成为介绍亚非航路国家的重要资料。书中详尽地描绘了许多稀奇古怪的外邦民俗,如古里国人每天早上洗脸之后用牛粪灰调水涂额头、大腿各三次;暹罗国青年男子行割礼,并镶入十几颗锡珠,有钱人则嵌空心金珠,行动有声并以此为荣……

为纪念这位知名外交使臣,南沙群岛北部有一个岛屿就被命名为马欢岛。

敦煌壁画《张骞出使西域图》

生活小史

气候改变人类历史

文 李夏恩

　　"天命已尽"，这是古代史籍中，解释朝代覆亡最无可辩驳的终极原因。在科学昌明的现代，要反驳它很容易，只需要说一句"这不过是封建迷信"就行了。但对1644年风雨飘摇的大明王朝来说，"天命已尽"这个词很可能是最恰当不过的形容。

　　苛捐杂税、官员贪腐、盗匪横行、异族入侵，这些人为因素当然足以使一个王朝奄奄一息，但这一切人祸背后的原因，恐怕还是要归结于天灾。

　　从1626年开始，大明王朝就受到一系列天灾的打击，首先是蔓延华北五省的特大干旱，其后，1633年到1643年的全国性大旱更是影响深远。再加上山西、直隶境内异常的冰雹，江南地区出奇的酷寒和降雪，沿海地区的雷暴大雨。灾害天气导致农作物歉收，饥荒随之而来；另一方面，北方游牧民族南下进犯。战争与饥荒结合在一起，终结了国祚276年的大明朝。

　　崇祯皇帝在景山上吊时，留下了一句悲怆的呐喊：朕非亡国之君。他说对了，要了大明朝的命的，是"小冰河时期"的出现，灾荒和游牧民族南侵都由此产生。

　　因为冰冷干旱，降水线南移，造成北方游牧民族赖以生存的草原退化。蒙古人与满洲人的南下进犯，正是这种气候影响下的

[明] 沈周《灞桥风雪图》

结果。当时的东北地区,同样饱受干旱蹂躏,努尔哈赤家也没有余粮,他们只能南下抢掠,满洲人(或称后金)的南下进犯也是因为日子没法过了。

这是一场席卷全球的气候异变,原先温暖的天气陡然变得异常寒冷,气候学家将其称为"小冰河时期"。

这是一段漫长的寒冷时期,直到1830年左右,这一记"寒冰掌"的威力才逐渐消散。不过在此期间,全球已经有数千万人因为这场气候异变而丧命,被断送"天命"的国家,更是难以计数。

小冰河时期带来的社会变革

人类进入文明史后,出现了两次小冰河时期。

第一次小冰河时期开始于公元前1世纪,一直持续到公元6世纪末才勉强结束。对当时的中国统治者来说,这次小冰河时期开始得相当不合时宜。因为有位君主正准备开展他最野心勃勃的社会实验——全面复古。这位君主的名字叫王莽。

小冰河时期到来的第一个征兆出现在公元前29年,中国的史书记载了这一年"四月,雨雪",这是一个不祥的征兆,紧接着是夏季,"大雨水十余日"。其后三年,黄河连续泛滥,四郡、三十二县受灾,十五万顷农田被淹,冲毁官亭、室庐四万余所。而此时在位的汉成帝正和大美人赵飞燕打得火热。外戚王氏家族借此迅速崛起,直到王莽篡夺了西汉的皇位。

如果王莽在气候比较温暖的时代开始他的改革,以他当时众望所归的人气,他的"新朝"也许会延续下去。

但问题是,王莽从公元9年到公元23年统治中国,恰好赶上小冰河时期第一次极峰的到来,冷得超乎寻常。干旱和洪涝灾害连年发生，在世人看来，这是上天在否定王莽这个篡位者的统治。绿林军、赤眉军的叛乱很快席卷全国，最后要了这个篡位者加改革家的命。

东汉末年，小冰河时期的第二次极峰到来，干旱和饥荒接踵而至，"谷一斛五十万钱""人相食"的记载不绝于史书。于是，浩浩荡荡的黄巾起义拉开序幕。然后演绎出家喻户晓的三国故事。

整个三国时期，天灾与饥荒一直不断，当晋武帝司马炎再次统一中国时，他发现自己不过是军事上占了优势而已，因为他的王朝仍要经受小冰河时期极峰的考验。

西晋所面临的困境已经不仅仅是旱灾和饥荒，同时还有受到寒冷空气逼迫而南下寻找温暖地带的游牧民族。316年是最寒冷也是最干旱的年头。即使是天子脚下的长安也发生了大规模饥荒，一斗米甚至卖到黄金二两。晋愍帝司马邺也只能用酿酒的曲饼来充饥。匈奴人刘聪的军队兵临城下，司马邺在兵尽粮绝之后选择投降，西晋灭亡。

由此，中原汉人开始向南方迁徙。之前被视为蛮夷之地的南方，如今却成了富庶之乡。士族的南迁带来了北方的文化，而商人和农民的到来则发展了南方的经济。中国的经济文化中心在小冰河时期的寒冷攻势下被迫向南方转移。到6世纪小冰河时期结束时，南方作为中国经济文化中心的地位，已经相当稳固，而且从此再也没有迁回北方。中国第一次大规模的社会变革就在小冰河时期的寒冷逼迫下完成了。

而第二次小冰河时期的直接后果，就是前面提到的大明帝国灭亡。但是这还远远不是全部，它给人类历史带来的最大影响，却发生在西方。

西方：冰冷的产业变革

西方在1300年左右开始感受到小冰河时期带来的寒意。1258年的大型火山爆发导致所谓的"如冬之夏"。在此之后，就是1316年恐怖的"大饥馑"，在法国，一个又一个村庄在陷入饥荒的绝望中消失，一些勉强存活下来的人靠吃猫、狗充饥，饥饿的乡民甚至开始将手伸向自己的乡邻和亲人。

几十年后暴发的黑死病又为死神助了一臂之力。而黑死病的传播，恰恰也是因为小冰河时期严酷干旱的气候。这场瘟疫暴发的地点是中亚地区，中亚的游牧部族为了寻找新鲜牧草不得不向更远的地方迁移，于是，携带着鼠疫杆菌的跳蚤也跟着宿主四处扩散。1346年，随着蒙古大军征服的铁蹄，鼠疫传遍东亚和西欧，并在欧洲迅速蔓延。到16世纪，饥荒、瘟疫，以及随之而来的战争，导致欧洲人口锐减，耕地大片荒芜。谷物价格和劳动力价格同时上扬。

为了生存，欧洲开始农业革命。小冰河时期极峰期的间歇，人口的恢复又导致劳动力市场变化，农业生产力和产量的提高使大量农业人口可以分离出去，进行工业生产。农业和工业的繁盛也使商业贸易变得频繁，开拓海外市场也变成可能，欧洲扩张的时代在寒风中到来，并且奠定了今天以西方为中心的格局。这一切看起来似乎环环相扣，但小冰河时期带来的并不仅仅是农业、工业和商业的革命。就在西方享受着小冰河时期极峰间歇带来的繁荣时，另一场极峰则开始了它的攻势，而这一记"寒冰掌"，给整个欧洲以极大的震撼。

法国：寒出大革命

1740年，在没有任何预兆的情况下，欧洲的气候突然变冷，在这一年年初,巴黎遭受了长达75天的霜冻,法国全国范围内的低温使大批作物冻死,而到了夏天,突如其来的暴雨又毁掉了正在生长的庄稼。物价不断攀升,食物开始变得稀缺。尽管在之后的几年里偶有丰收,但大多数年头里,都是饥荒与寒冷相随。

法国的环境系统是全欧洲最脆弱的,更致命的一点是,尽管商业和工业看似相当发达,但在巴黎之外的省,目之所及全是农田。全法国有超过75%的农业人口,到18世纪80年代,法国连续数年气候变化异常。1788年,这一年的春天极为干燥,7月,巴黎出现灾难性冰雹,超过1200座农庄遭到摧毁,小麦收成比过去15年平均产量下降超过20%。最糟糕的是,这一年的冬天寒冷异常,大雪封锁了道路,河流结冰,首都巴黎也被冰雪围困。到春天冰雪消融时,融化的雪水又淹没了数千公顷农田。粮食短缺,物价上涨,外省开始发生零星的"面包暴动"。

到1789年7月,法国的面包价格达到20年来的最高峰。饥饿、绝望和恐惧终于将人们推上了巴黎的街头,后来的故事,就是那场以"自由、平等、博爱"为名的法国大革命了。如果那一年稍微暖和一点儿的话,也许就不会被载入史册。

气候改变历史。看似人类自己做出的决定,譬如出兵攻打一个国家,或是国内突然爆发一场革命,仔细考察却很可能是气候导致的结果。

18世纪的启蒙哲人孟德斯鸠,可能是最早发现气候对人类社会产生影响的学者,在他的名著《论法的精神》中提出,气候不仅能决定一个民族的性格、感情、道德和风俗,甚至还能决定一个国家的政治体制。

按照他的说法,他最钟爱的英国之所以能建成值得赞赏的君主立宪政体,完全是因为那里寒冷的气候赋予了英国人力量和勇气,使他们可以持续从事艰难、伟大和勇敢的行动,来捍卫自己的自由。生活在欧洲南方的民众,因为气候炎热,消耗了他们的勇气和力量,使他们轻易、自甘地落入奴隶的地位,浇灌了专制主义的土壤。

[法国] 罗拜尔《攻占巴士底狱》

历史上著名的"风雨雪"

文 李夏恩

一场东风一把火,赤壁之下曹孟德80万大军灰飞烟灭。如果不是诸葛亮借来东风,历史的走向就会全然不同。诸葛孔明借东风当然是戏说,但真实历史中,这股疾劲的东南风的确来了:"至战日,盖先取轻利舰十舫……时东南风急,因以十舰最着前,中江举帆。"一场烈风吹出天下三分。

纵观历史,岂止是刮风,下雨或是下雪,都可能让历史走上岔路。

风:改变历史的方向

摩西分开红海可能是《圣经·旧约》中最壮观的奇迹,《圣经》里说,摩西得了上帝引领,在红海前伸出手杖,然后海水向两边分开耸立两侧,留出一条通向对岸的狭长的过道,使以色列人甩开了法老的追兵,逃出了埃及。

对于非基督徒来说,这个奇迹只能发生在书里,现实中是绝不可能出现的。但科学却颠覆了人们一般的常识,《圣经》中有这样一句话:"耶和华便用大东风,使海水一夜退去。"使海水分开的,乃是神刮起的一阵强劲的东风。

这事可能真的发生过。科学家发现,如果东风以100千米/时的速度连续刮上12个小时,就可能退去近两米深的海水,创造出一条陆桥,并持续4个小时,让以色列人通过。但风速一旦减缓,海水就会迅速复原,如此一来,后面的埃及追兵,就会被淹死在海水里。看来上帝的神迹很可能是真的,大风救了以色列人一命,也永远地改变了历史。

没有什么是比风更加反复无常的了,就像人类反复无常的命运一样。公元前480年的萨拉米海战是一场决定整个西方文明前途命运的决战。波斯人派出由1000艘战舰和25万人组成的庞大海军舰队,希腊海军只有区区380艘舰船和6万名士兵与之对阵,实力如此悬殊,希腊人胜算极小。

但地中海的季风拯救了希腊。当上千艘波斯战舰拥进这条狭窄的海峡后,飓风咆哮而至,海面掀起巨浪,波斯人难以驾驭船只,而希腊人则处于迎风处,便于操控。海战结果不言而喻,遭受惨败的波斯人军心涣散,永远退出了历史的争锋。

无独有偶,1274年的日本也因为一场"神风"得以幸存。那场飓风将装载着4万元朝大军的舰队吹上了西天。

雨:历史的拖延症

中国历史上最著名的一场大雨,在公元前209年8月瓢泼而下,这场大雨下个没完,使一支遣戍渔阳的小部队耽误了行期,按照那两个小头目陈胜、吴广的说法,误了期限,是要砍头的。于是这群"今亡亦死,举大计亦死"的迟到士兵,在权衡了一番后,决定群起暴动。正是这次被大雨激起的暴动,撼动了秦朝的统治,加速了秦朝的灭亡。

"失期当斩说"其实经不起推敲,按照秦律,"失期三日到五日,谇;六日到旬,赀一盾;过旬,赀一甲"。换言之,哪怕你迟到十天，最多也就罚一副军甲，远到不了砍头那么严重。所以，"失期，法皆斩"这个说法，如果不是司马迁考证失误，就是陈胜、吴广刻意编造出来吓唬同伴的。

但无论如何，要没有这场大雨作为引子，这场暴动是绝不会发生的。

大雨改变的绝不只秦王朝的寿命，还有拿破仑的命运。

1815年6月17日，假如那天晚上没有下那场雨，也许欧洲的历史将重新改写。在这场雨之前，战场上的拿破仑一直势如破竹，尽管中途下起了大暴雨，但英勇的法军还是成功地击溃了普鲁士军队。

但问题是，这场雨一直没停，下了整整一夜。于是拿破仑决定推迟到次日中午再向威灵顿公爵的英军发动进攻，为的是地面能变干一些，毕竟当时靴子还没有设计出防滑鞋底，而呢子军装与泥水混在一起的形象确实不甚雅观。

次日早晨7点，云开雨霁，拿破仑希望立刻开战，但他的指挥官德鲁奥特将军却建议他再等几个小时，"等地面硬一些"，因为泥泞不仅会阻碍骑兵的前进，还会让炮弹失效。

结果这样一拖就拖到了上午11点，法军在开始时完全击溃了敌人，但到下午4点，普鲁士援军赶来并加入战斗，法军因为延误战机，拿破仑彻底战败，并在4天后退位。纵横欧洲的帝国梦就这样破灭了，只是因为大雨之后还要等一等。

大雨的拖延有时也能缓解紧张的局势。1848年，伦敦的事态相当紧急，宪章派宣布要在肯宁顿公地举行集会，人们非常担心他们会蜂拥走过威斯敏斯特桥去占领国会和其他公共机构。

为了防止暴动，整个伦敦进入战备状态。在大英博物馆，人们在屋顶放了不少砖头，准备让那些胆敢占领这里的人脑袋开花。

[法国] 雅克 · 路易 · 大卫《跨越阿尔卑斯山圣伯纳隘口的拿破仑》

而许多国家机构的公务员则配备了生锈的大刀和火绳枪,这些武器"对胆敢靠近它们的人和使用它们的人都同样危险"。而这场反占领行动的总指挥,正是当初在滑铁卢一役击败拿破仑的威灵顿公爵。这本来能为"政府军"增加不少胜算,但问题是,这名昔日的沙场骁将如今已经82岁了,耳不聪目不明。

这场集会最终没有举行,原因是突然下了一场倾盆大雨,宪章运动的成员觉得在酒吧里喝酒,可能是比占领国会更好的选择。一场暴动就这样被大雨扼杀在摇篮里。

雪:最"冻人"的战士

"俄罗斯有两个最可信赖的将军——一月将军和二月将军。"沙皇尼古拉二世如是说。俄国人酷爱冰雪,以至于他们会把赤身裸体地在雪地里洗澡作为健身游戏。

俄罗斯的冰雪不止一次帮助他们抵御外来侵略。1709年,英姿勃发的瑞典国王查理十二世打算征服整个冰雪王国,但他犯了一个致命的错误——没带足够保暖的衣服。在远征的路上,瑞典大军不仅一路上丢盔弃甲,还丢了不少被冻掉的耳朵、鼻子和手指头。也正是在这次大战中,赫赫有名的沙皇彼得大帝在欧洲人的视野中崛起。

查理十二世之后,第二个敢于挑战俄罗斯寒冷的,是已经拿下半个欧洲的拿破仑皇帝。1812年,拿破仑调集60万大军进攻俄罗斯,一路连战连捷,直取莫斯科。当这支战无不胜的军队打道回府时,俄罗斯开始显露出它的狰狞严寒,零下40℃的超低温和暴风雪彻底击垮了法国大军,拿破仑帝国也随着这场战争的失败而开始走向覆亡。俄罗斯再次崛起,成为在欧洲首屈一指的巨头。

最后一个试图挑战冰雪帝国权威的,是第三帝国的元首希特勒。希特勒对攻下苏联太过自信,以至于他的军队带好了专供红场胜利阅兵时穿的军礼服,却忘记了冬装。接下来的故事是前两次历史的重演,抗冻的苏联红军裹在厚棉衣里向冻得瑟瑟发抖的德国人发起反攻,从莫斯科的冬天,到斯大林格勒的严寒,欧洲战局就此逆转。

那些改变历史的食物

🄫叶克飞

美国作家汤姆·斯坦迪奇认为："在社会转变、社会组织、地缘政治竞争、工业发展、军事冲突和经济扩张等转化过程中，食物都扮演了催化剂的角色。从史前时代至今，这些转化的故事构成了整部人类的历史。"

美国当代历史学家斯塔夫里阿诺斯在《全球通史》中写道，真正的世界历史开始于公元1500年。《全球通史》摒弃了"古代—中古—近现代"式的西方传统世界史阐释方法，以公元1500年为界，将人类历史演进划分为两个阶段，前一阶段是各地区孤立存在的世界，不同区域的人被大海和荒漠分隔在世界各地，后一阶段则是西方经过航海时代逐渐占据主导的世界。

海上贸易改变了世界，也改变了人类餐桌上的食物。欧洲人发现了美洲大陆，继而发现大洋洲和太平洋诸岛，从此，美洲特有的作物玉米、番薯、土豆、番茄和辣椒等传入欧洲、亚洲和非洲，欧亚非的水稻、小麦和油菜籽等则传入美洲。

土豆、玉米和番薯等美洲作物的传播意义巨大，对近代以来世界人口的持续增长有重要作用。

能够解决饥荒的是土豆

在许多西方国家,土豆是餐桌上极为重要的主食,从薯泥到薯条,再到中欧国家流行的"面团子",材料都是土豆。针对人口激增、粮食短缺的局面,许多第三世界国家也一直在推动"土豆主粮化",希望这种可以大规模种植、长时间存储,而且又能提供足够营养和热量的作物能够成为更好的主粮替代品。

土豆传入中国的时间一直未有定论,较为主流的说法是16世纪后期和17世纪初引入,也就是明朝的万历年间,时人蒋一葵撰著的《长安客话》卷二《黄都杂记》中曾提到土豆。还有徐光启的《农政全书》中有"土芋,一名土豆,一名黄独。蔓生,叶如豆,根圆如鸡卵,肉白皮黄,可灰汁煮食,亦可蒸食。又煮芋汁,洗腻衣,洁白如玉"的说法,此书成书于1628年,故推断土豆传入中国时间不晚于1628年。

有人曾推断,土豆如果在明末就能大规模推广,或许可以缓解明末大饥荒,从而为明朝延寿,清兵不会趁机入关,也就不会有严重钳制思想和言论、最终导致国力停滞不前的清朝出现,中国历史也会就此改写。但土豆能够风行全国则是到清朝后期和民国时期的事了,主要产区在西南和华北。

番薯引入中国,始于万历二十一年(1593)。这年春天,福建商人陈振龙在吕宋岛见到一种叫"朱薯"的农作物,并将它带回了福建。

玉米的传播类似番薯。它大概于16世纪中叶分三路传入中国,分别是自波斯、中亚至甘肃,自印度、缅甸至云南,自东南亚至福建和广东。但在近200年时间里,玉米的种植都未被推广,直到乾隆中期,玉米才开始大规模种植。

土豆、番薯和玉米一起减轻了饥馑之年的压力，有清一朝，大规模饿死人的事情极少。

土豆有没有让中国人口增长到4亿并没有定论，但土豆确实曾经改变世界。这种原产于南美洲的作物，于16世纪被开辟新航路的西班牙人带到欧洲，并在粮食短缺的时代成为欧洲的主粮。

西班牙人引入土豆30年后，就将它出口到法国和荷兰。不过，由于土豆不是长于种子，而是长于块茎，因此欧洲大陆农民对此抱有强烈怀疑，认为它会带来疾病和厄运。苏格兰人甚至认为土豆会导致麻风，理由是欧洲人以前从未吃过块茎类食物，《圣经》中也没提到过它。18世纪的英格兰人认为土豆是罗马天主教的侦察兵，选举时竟然提出"不要土豆，不要教皇"的口号。

但战争凸显了土豆的重要作用。在1756年到1763年的欧洲"七年战争"期间，尽管法国、奥匈帝国和俄国多次入侵普鲁士，摧毁地表农田，普鲁士人却靠生长在地下的土豆躲过了灾难。这也使得法国、奥匈帝国和俄国开始正视土豆的作用，有意识地引导农民种植。

其中，曾在"七年战争"时被普鲁士人俘虏，在监狱中吃了几年土豆的法国农学家巴曼奇，成了推广土豆的重要人物。1775年，路易十六取消了国家对谷物价格的控制，结果面粉价格暴涨，导致所谓的"面粉战争"，民间暴乱不断。巴曼奇趁机建议推广土豆，并高调地在上流社会举办全土豆宴。

俄国在"七年战争"之前就已经有了土豆，据说当年周游欧洲学习先进理念的彼得大帝就喜欢荷兰的土豆，专门重金购买一袋回国，种在宫廷花园里。但在很长一段时间里，它都被作为观赏花卉或者珍贵菜肴为上层社会专享。1741年，宫廷宴会上首次出

[法国] 米勒《种植土豆》

现一道用土豆烹调的菜肴。"七年战争"成了俄国大量种植土豆的契机,俄国士兵将土豆作为战利品种在自家菜园里。1765年,俄国遭遇饥荒,叶卡捷琳娜二世下令在全国扩大土豆种植面积,并研究其耕种技术。

土豆产量高,适应性强,富含淀粉,在中世纪的欧洲,一亩土豆田和一头奶牛就可以养活一家人。1845年到1851年,一场突发的虫害横扫爱尔兰,几乎摧毁了当地的土豆种植业。短短两年内,就有一百多万人死于饥饿、斑疹伤寒和其他疾病。这场被称作"土豆饥荒"的灾难,也导致了一百多万爱尔兰人移居美国,进而改变了美国历史。

历史学家威廉姆·H.麦克内尔认为,土豆是西方帝国诞生的原因。"因为土豆喂养了快速增加的人口,使欧洲一些国家有能力在1750年到1950年之间统治世界绝大部分地区。"他说,"从另一个意义上说,是土豆造就了西方文明的崛起。"另一个数据佐证了这个观点:1500年到1800年间,法国一共发生过40次全国性饥荒;1523年到1623年间,英国一共发生17次全国性饥荒。这说明欧洲曾一度不能生产足够养活其人口的粮食,直到他们拥有了土豆。

从胡椒到辣椒

辣椒传入中国仅仅数百年时间。在没有辣椒的时代,古代中国餐桌上的辣味主要靠五种食材来提供,分别是川椒、胡椒、黄姜、茱萸和芥末,其中又以胡椒最为贵重。

胡椒之所以贵重,一是因为需求太大,二是因为产量太少。西汉时期,胡椒传入中国,掀起了一股胡椒热。贵族用胡椒粉掺沉香来熏衣服,官僚们上朝之前也要含上一枚胡椒清新口气。

到了唐朝,有官员被抄家,除金银珠宝外,还抄出几千斤胡椒。这是因为胡椒昂贵,又耐于存放,存胡椒就像存金条。

宋哲宗时,广州原本每年向朝廷进贡檀香2000斤、胡椒50斤。后来哲宗认为这个数目太大,为了体恤民众,将檀香缩减为1000斤,胡椒减到20斤,可见胡椒的稀缺。

欧洲人同样迷恋胡椒,当时胡椒贸易的路线是:印度—埃及—威尼斯—欧洲各地。因为路途遥远,运费高昂,又几经周转,层层加价,胡椒在欧洲的零售价几乎与相同重量的黄金相等。

哥伦布寻找通往东方的航线,胡椒也是一大诱因。他看到贩卖胡椒的暴利,试图开辟去印度的新航道,降低进口胡椒和其他贵重香料的成本。1492年,他横渡大西洋,抵达美洲,发现了新大陆,同时也发现了辣椒。

美洲是最早种植和食用辣椒的地方,可哥伦布以前从未见过辣椒,他以为美洲大陆就是印度,以为辣椒就是胡椒,因此对辣椒的高产量极为兴奋。他将种子带回欧洲,并在地中海周边种植。此后几个世纪,欧洲人又将辣椒传入其他大陆。

辣椒传入中国的时间和地点都存疑,说法很多。但它作为廉价食材,只有走海运渠道才可赚钱,四川一些地方称辣椒为"海椒",海南一些地方称辣椒为"番椒",这说明辣椒很可能是从海路传入中国的。

辣椒起初也不被国人认可,尽管它与番薯、土豆、花生和玉米等作物大致在同一时间传入中国,但它走上餐桌的时间却最晚。这是因为它的味道过于刺激,人们无法马上适应。

明末,人饥荒和战乱席卷中国,人们到处寻找一切可以救命的食物,辣椒因此被接受。如食盐和蔬菜极度匮乏的贵州,贫民只能用辣椒佐餐。湖南、江西、甘肃和陕北的农民大多爱吃辣椒,也是不得不吃,因为辣椒易种植,又便于存放。

咖啡催生了各种革命

咖啡学家乌克斯在《咖啡天下事》中写道:"每当咖啡引进,就会助长革命。咖啡是人间最极端的饮料,咖啡因会刺激思考,老百姓一旦深思就想造反,危及暴君地位。"

早在16世纪,咖啡就在阿拉伯世界里被称为"麻烦制造者"。麦加总督贝格发觉讽刺他的诗文从咖啡馆流出,决定查禁咖啡。1511年,麦加所有咖啡馆被迫关门,阿拉伯世界的其他统治者也相继宣布咖啡为非法饮品,擅自喝咖啡的人甚至会被处死。但人们实在太热爱咖啡,最终法不责众,不了了之。咖啡潮流也在这轮压制下出现了更大反弹,土耳其甚至规定,丈夫如果无法满足妻子对咖啡的需求,妻子可以提出离婚。

后来,咖啡传入欧洲,解决了欧洲人嗜酒和便秘的问题,迅速赢得了欧洲人的青睐。咖啡馆更成为一种象征,是知识分子聚会并批评时局的基地。在咖啡最为流行的巴黎,知识分子每日聚在咖啡馆里讨论哲学与政治,革命者们讨论如何反对、推翻政府,法国大革命几乎是在咖啡馆里完成了铺垫与催化。

咖啡不仅有功于法国大革命,更有功于工业革命。进入工业革命时代后,民众生活明显改变,咖啡成为劳工阶层的重要饮品。当时,工人生活环境恶劣,工作时间长,咖啡成为保持精力的必需品。有历史学家曾写道:"工人为了多赚几分钱,马不停蹄地操纵织布机器,根本没有时间料理三餐,咖啡和面包就成为果腹圣品,至少喝咖啡后会让人觉得很温暖,精神百倍……"

茶叶改变中国历史

茶叶的传奇一点儿也不亚于咖啡。大约公元850年时,阿拉伯人通过丝绸之路获得了中国的茶叶。1559年,他们经由威尼斯把茶叶带到了欧洲。

因为茶叶价格高昂,在当时的欧洲,喝茶是贵族的享受。17世纪初,英国东印度公司看准了茶叶贸易的商机,花了60多年时间,取得了与中国人进行茶叶贸易的特许经营权。

此后,东印度公司每年都要从中国进口4000吨茶叶,但只能用白银购买。当时每吨茶叶的进价只有100英镑,东印度公司的批发价格却高达4000英镑每吨,获得了巨额利润。不过,在英国国内,用于购买中国茶叶的银子却日渐稀少。为筹措白银,英国东印度公司开始向中国非法输入鸦片,造成了巨大的危害,也改写了晚清历史。所以,说茶叶贸易的利润差导致了中国近代史的开端,也不为过。

吃饭那点事儿

📝谭山山

让·安泰尔姆·布里亚-萨瓦兰是19世纪法国美食家,在《味觉心理学》(简体中文版译名为《厨房里的哲学家》)一书的开篇,他写下20条关于食物的格言,其中有:

牲畜吃饲料,人人都吃饭,可是只有聪明人才懂进餐的艺术;

国家的命运取决于人民吃什么样的饭;

告诉我你吃什么,我就能知道你是什么样的人;

上帝让人必须吃饭才能生存,因此他用食欲促使人们吃饭,并用吃饭带来的快乐作为给人类的奖赏;

美食主义是一种判断行为,它使我们更喜欢那些符合我们口味的食物,而不喜欢那些不具有这些性质的食物;

与发现一颗新星相比,发现一款新菜肴对于人类的幸福更有好处。

夫礼之初,始诸饮食

吃是生存的必要条件,人人都要吃饭,古往今来都是如此。区别只在于,吃什么,怎么吃。在远古时代,人类还没有学会用火之前,基本上是什么东西都生吃。人类主要食物首先来源于植物:块茎、果实、种子、嫩芽。接着,随着捕猎手段的进步,人开始获得肉食。

学会用火,则是一次饮食的革命。据考证,在非洲南部,人类在150万年前已经会用火了;在北京周口店,发现了烧过的骨头,距今大约70万年;尼斯附近的阿马塔,在考古中发现了用火的遗迹,表明最早的欧洲人在40万年前也开始使用火。

《礼记》中说,"夫礼之初,始诸饮食"。所谓"礼",即社会行为的制度和规范,人们获得食物之后,再也不像以前那样就地吃掉,而是带回去在群体里吃掉,这就是最早的社群观念。

德国学者贡特尔·希施费尔德在《欧洲饮食文化史》一书中写道,公元前4000年左右,两河流域的美索不达米亚地区已经开始农耕文明。公元前3000年前后,第一座世界性都市——巴比伦出现,人们开始用大麦和双粒小麦的面粉烘烤面包,酿制啤酒,把海枣加工成果汁。

美国考古学家让·博泰洛于20世纪70年代末成功破译了一份大约有3700年历史的清单,上面列出了当时美索不达米亚地区市场上的货物,让我们得以窥见那个时代的人在吃什么:市场上有小麦、大麦、双粒小麦和小米等谷物品种;蔬菜有洋葱、大蒜、葱、香芹、芜菁、萝卜、胡萝卜、松露和蘑菇,还有菜豆、扁豆和豌豆。水果商人出售苹果、梨、无花果、阿月浑子、海枣、石榴和葡萄。调料有盐、醋、芥末、刺柏果和薄荷。居户供应牛、猪、鹿、狍子、羚羊、鸽子、山鹑、鸭子和海鸟,鱼贩则销售五十多种鱼。此外,还有各种各样的食油、蜂蜜、啤酒、葡萄酒,以及18种奶酪,大约100种汤品,300种面包。

教会越禁止,人们越反其道而行之

在多数文化中,重要的节日都以食物为象征符号。比如犹太人的逾越节,这是庆祝他们从埃及的奴役中解放出来的节日,必须吃六种食物:浸泡在盐水中的新鲜蔬菜代表新生和奴隶的眼泪;苦草代表奴隶身份的痛苦;一种叫作甜酱的面糊,其颜色代表着希伯来人用以建造法老金碧辉煌的城市的灰泥;一个烤鸡蛋代表寺庙中烧焦的动物祭品;一只羊腿骨代表了出埃及前夕用于祭祀的羔羊;逾越节薄饼则代表以色列人逃走时来不及发酵的面包。

1621年,英国前往美洲的第一批移民的幸存者过了第一个感恩节。首批移民102人,不幸的是,他们选择了一年中最糟糕的时间启航并于11月到达,寒冷和食物匮乏使这群人几乎饿死了一半,最后只有58人幸存。对他们来说,这是一个庆祝生存的节日。"五月花"号乘客之一爱德华·温斯洛记录了那次宴会的情形:"我们的收获到来了。总督派了四个人去捕猎野禽,这样,在采集了我们种植的水果后,我们就可以以更加特别的方式来一起享受欢乐了……尽管食物并不总像这次这么丰富,但拜仁慈的上帝所赐,我们从食物短缺中活了下来,我们盼望您能加入到我们的丰收中。"(尼科拉·弗莱彻著《查理曼大帝的桌布》)

对今天的美国人来说,感恩节意味着家的味道。火鸡是一定要有的,南瓜派也是一定要有的,其他食物也都是每个人从孩提时代就记住的味道,并且将代代传承。"事实上,我想有时很难让不列颠朋友明白,感恩究竟是关于什么,围绕着基本的及普遍的原始饮食欲望的这个世俗假日——是的,残暴、粗俗地吃掉大量食物是这种经历的一部分——产生于困苦的年代,庆祝生存,只要活着就好,一直地吃,直到你实在吃不下了为止,因为谁知道明天会带来什么?真的,谁知道。"美国人马克·米隆这样感慨。

但在中世纪，"贪食"成为七宗罪之一。6世纪时教皇格列高利一世这样解说"贪食"罪的五大细则：吃太早、吃太好、吃太精、吃太饱、准备太多。但教会越禁止，人们越反其道而行之，毕竟，吃的快乐在人们所知道的快乐中占一大部分。1475年，欧洲出现第一本用拉丁文写成的印刷食谱，书名就叫《正当的狂欢》，德文版甚至名为《道德上正当、合宜且受到认可的肉体欢愉》。其作者是梵蒂冈图书馆馆长，摆明了要和神学家抬杠。同样出版于15世纪的食谱《罗马烹肉术》，则教导读者以制作标本般的精神来做菜："下水余烫前先将天鹅吹胀及去皮，再将腹部切开，以叉子刺穿鹅身加以烘烤，并以面粉加蛋调制成蛋糊涂抹表皮，同时不停转动烤肉叉，将之烤至金黄色。如果你们喜欢，还可再让天鹅穿上它的羽衣。为此在天鹅颈部需要别上木叉，使其头颈笔直，宛如活物……"

吃什么，不吃什么？

按照中国的"礼"，"怎么吃"比"吃什么"重要得多。《论语·乡党》里用大段文字记述了饮食的诸般禁忌："鱼馁而肉败，不食。色恶不食。臭恶不食。失饪不食。不时不食。割不正不食。不得其酱不食。肉虽多，不使胜食气。惟酒无量，不及乱。沽酒，市脯不食。不撤姜食。不多食。祭于公，不宿肉。祭肉不出三日；出三日，不食之矣。食不语，寝不言。"

在吃什么、不吃什么上，人类也是有强烈好恶的。主食很重要，当然要神化，比如在基督教中，只有用小麦制成的面包才可用作圣餐；对大多数美洲人来说，玉米是神圣的食物。《圣经旧约·利未记》中规定："凡蹄分两瓣、倒嚼的走兽，就是洁净的，可以吃；那分蹄而不倒嚼，或倒嚼而不分蹄的，即为不洁净，不可吃。"

美国人类学者马文·哈里斯在著作《好吃：食物与文化之谜》中用了一章篇幅论述猪肉是如何成为禁忌的。在他看来，问题得还原到犹太教及其猪肉禁忌所由产生的自然环境：以色列人原来是养猪的，但基于中东地区的气候和生态不适于继续养猪，以及成本与收益的考量——通过饲养能够反刍的动物，以色列人便能够获取肉和奶；猪不但在消化草和其他高纤维植物方面有先天的弱点，还要跟人类争食粮食，这让他们最终放弃了养猪。人们养猪只有一个目的，就是吃它的肉，以色列人不再养猪之后，猪就变成了没有用的东西，甚至比没有用还不如，成了一种有害的、最下等的动物。

所以马文·哈里斯认为，从这个角度判断，上帝的禁规无形中代表着出于自然选择需要的一种更高的生态理性。同样道理，印度人把牛奉为母神，禁止杀牛和吃牛肉，绝不是他们的肠胃不能消化牛肉。就连佛教"不杀生"的教义，也是以人口激增与环境资源枯竭的矛盾为发生背景的。

在中国古代，杀牛也是禁忌。西周就有"诸侯无故不杀牛"的规定，《汉律》规定，只有年老体衰之牛才可宰杀，少壮之牛则在禁杀之列，违者将"弃市"。到唐、宋、五代，不论牛老弱病残与否，一律不得宰杀。明朝，凡无故杀他人马牛者，杖七十，徙一年半；私宰自己的马牛，杖一百；耕牛伤病死亡，不报官府私自开宰，笞四十。

问题就来了：为什么梁山好汉大碗喝酒大块吃肉，通常强调是"大块熟牛肉"呢？《水浒传》（一百二十回本）中，提到的屠宰、吃食活动共134处，其中指明是牛肉的就有48次。而同时期的《金瓶梅》，全书描写吃食种类的有41处，只有一处指明为牛肉。合理的解释是，《水浒传》中描述的是一个江湖世界，奉行的是另一套反社会、反世俗的规则，梁山好汉们犯禁吃牛肉，是为了表示对朝廷、对法律的藐视。

美国的中餐借李鸿章之名，进行了一次捆绑式营销

吃什么、怎么吃，从来就不是一成不变的。以中国为例，不断有外国作物被引进，要区分它们是什么时期引进的，有个简单的窍门：带"胡"字的，大多是两汉、南北朝传入的，像胡椒、胡瓜（黄瓜）；带"番"字的，多是明朝以后传入的美洲作物，最典型的就是番茄；带"洋"字的，洋葱、洋白菜等，可能是清朝末年和民国初期传入的。而在西方，如果没有1492年哥伦布的地理大发现，土豆、玉米、番茄、辣椒这些原产于美洲的植物，就不会飘洋过海来到欧洲，土豆更没有机会成为爱尔兰的主要作物。

在食物的迁移和传播过程中，发生了不少有趣的故事，"杂碎"就是一个很好的样本。"杂碎"是美国人心目中最地道的中国食物，把"杂碎"和李鸿章扯上关系，最著名的说法来自梁启超出版于1903年的《新大陆游记》："杂碎馆自李合肥（李鸿章）游美后始发生。前此西人足迹不履唐人埠，自合肥至后一到游历，此后来者如鲫。西人好奇家欲知中国人生活之程度，未能至亚洲，则必到纽约唐人埠一观焉。合肥在美思中国饮食，属唐人埠之酒食店进馔数次。西人问其名，华人难于具对，统名之曰杂碎。自此杂碎之名大噪，仅纽约一隅，杂碎馆三四百家，遍于全市。……全美国华人衣食于是者凡三千余人，每岁此业所入可数百万。"

梁启超的说法，不尽属实。1896年李鸿章访美时，美国媒体对他进行了近乎"狗仔队"般的全程贴身报道，他所带的高级厨师、全套烹饪用具及各种食材，他哪顿饭吃什么，都被美国媒体八卦得清清楚楚，根本没有关于他吃"杂碎"的任何报道。李鸿章既然有专属厨师，不可能像普通游客那样"思中国饮食"，更加不可能让唐人街的饭馆给他送菜。至于"杂碎"一名的由来，有说是李鸿章随口起的菜名，也有说是李鸿章的骂人话被误以为是菜名。这都属于在没有事实论据上的猜测，与其说"杂碎"跟李鸿章有关，还不如说是先期进入美国的中餐借李鸿章之名，进行了一次捆绑式营销。

早在1884年，即李鸿章访美12年之前，最早的华裔记者黄清福在《布鲁克林鹰报》上用英文介绍中国菜时，就提及"'杂碎'或许称得上是中国的国菜"，这显然是拉大旗作虎皮。1892年，黄清福在《大都会》杂志发表《纽约的华人》一文，提到关于"杂碎"的细节："中国人最常吃的一道菜是炒'杂碎'，是用鸡肝、鸡胗、蘑菇、笋尖、猪肚、豆芽等混在一起，用香料炖成的菜。炖汤汁倒进米饭里，加上一些酱油，便成了人们吃米饭时最喜爱的一种美味作料。"

假托李鸿章之名，"杂碎"彻底火爆美国，这就是食物的际遇：人们吃的不仅仅是食物本身，还是它所凭依的文化。就像列维-施特劳斯所说，自然物种被选择，不是因为它们是"好吃的"，而是因为它们是"好想的"。

[北宋]赵佶《文会图》(局部)

肉食变迁简史

文 唐元鹏

鸿门宴上，樊哙冲入军门，要救刘邦。《史记》详细记述了项羽的反应：

项王曰："壮士！赐之卮酒。"则与斗卮酒。哙拜谢，起，立而饮之。项王曰："赐之彘肩。"则与一生彘肩。樊哙覆其盾于地，加彘肩上，拔剑切而啖之。

项羽对樊哙又赐酒，又给肉，许多人解释为项羽对樊哙很器重。但如果在某个宴席上，主人给你四升酒让你喝下去，哪里有一点器重之意？项羽还逼迫樊哙生吃猪肘，分明是想戏耍侮辱他。

在古代，猪肉在很长一段时间内并非高级肉食，只有牛羊肉才是上等的肉。时至今日，牛羊肉在市场上仍比猪肉昂贵。

先秦时期：牛羊肉才是高级肉食

很早的时候，中国人就懂得驯养"马牛羊豕犬鸡"六牲获得肉食，但不同的肉食在食物系统中有着不同的地位，这种地位甚至影响到今天的肉类价格。在古代的饮食习惯中，牛羊毫无疑问是最贵族化的肉食，《礼记·王制》也说："诸侯无故不杀牛，大夫无故不杀羊，士无故不杀犬豕，庶人无故不食珍。"

从排名上看，为何在先秦时期的肉食排名中牛羊在猪之上？

首先是与肉食的珍贵程度有关,牛在农耕时代是重要的生产资料,在许多朝代都不许私自宰牛,就如《礼记》所说,连诸侯没什么重要的事都不轻易杀牛。

最早在汉朝,牛已经被立法保护,《汉律》规定"不得屠杀少齿"。《汉律》对杀牛的惩罚十分严厉,犯禁者诛,要给牛偿命。到了唐宋时期,牛更是不管老弱病残,都在禁杀之列,只有自然死亡或者病死的牛才可以剥皮售卖或者自己食用。物以稀为贵,牛肉自然在肉食排行榜上名列前茅。在《楚辞》的《大招》和《招魂》篇里分别呈现了两张异常丰盛的菜单,有:八宝饭、煨牛腱子肉、吴越羹汤、清炖甲鱼、炮羔羊、醋烹鹅、烤鸡、羊汤、炸麻花、烧鹌鹑、炖狗肉。在菜单的排名中牛肉是排在前面的,其重要性不言而喻。

唐宋时期:牛羊肉仍是高级肉食的主流

这种从先秦时期养成的饮食习惯,一直深深地影响到后世,在唐朝著名的烧尾宴之上,菜谱是这样的:通花软牛肠(羊油烹制)、光明虾炙(活虾烤制)、白龙曜(用反复捶打的里脊肉制成)、羊皮花丝(炒羊肉丝,切一尺长)、雪婴儿(豆苗贴田鸡)、仙人脔(奶汁炖鸡)、小天酥(鹿鸡同炒)、箸头春(烤鹌鹑)、过门香(各种肉相配炸熟)等。菜谱包括牛、羊、鸡、鹌鹑,甚至还有青蛙,就是缺少猪肉。

汉族的饮食文化发展到了宋朝已是博大精深,由于对牛肉的禁食,羊肉在这个时期成了皇家和士大夫阶层的主要肉食。

宋朝吃羊是从皇家流行开来的习俗,宋真宗时御厨每天宰羊350只,仁宗时每天要宰280只,英宗时减少到每天40只,到神宗时虽然开始吃猪肉,但御厨一年消耗羊肉43万多斤,而猪肉只用掉4131斤,还不及羊肉消耗量的零头。

皇家盛行,自然上行下效,从官员到民间,羊肉成了宋朝餐桌上的头等肉食。民间无论婚丧嫁娶,如果没有一只羊在案上放着,都不好意思招待客人。

"十年京国厌肥羜",著名吃货苏东坡在京城时,虽然吃羊吃到腻味,但当他被下放到惠州的时候,仍然会被每个月一次的官廨杀羊吸引。作为罪官他已经不能经常吃到羊肉了,但弄一些羊骨头回去烤熟了吃也很解馋。

在宋朝,猪肉仍然不是士大夫阶层的主要肉食,或者说猪肉仍然是低档的肉食。南宋高宗在清河郡王张浚府上吃了一顿,菜谱中天南海北,地上跑的,空中飞的,水里游的应有尽有,唯独没有猪肉。而在随从高宗出行的禁卫食谱中却有猪肉3000斤,可见当时猪肉的主要消费群体社会地位不高。所以苏东坡说:"(猪肉)富者不肯吃,贫者不解煮。"

但在普通老百姓那里,猪肉就是主食了。《东京梦华录》称,每天有上万头猪被贩子们从四乡收购送入东京,给普通百姓的餐桌上送去肉食。

真正让猪肉沾上贵族气的,还是苏东坡。在杭州任上,因为治理西湖,要解决民工的吃饭问题,他创造性地发明了"小火慢炖"的方块肥肉,这种以姜、葱、红糖、料酒、酱油等为佐料做成的猪肉菜肴,被命名为"东坡肉"。

宋人的地盘以羊肉为贵,但到了北方辽金朝却正好相反,猪肉成了高级肉食。宋朝的使节出使辽金,北人用最好的猪肉款待使者,猪肉在辽金,是"非大宴不设"。为何猪肉在同一时代南

魏晋南北朝画像砖《庖厨图》

北国家中有着如此悬殊的待遇？究其原因无非就是"物以稀为贵"，辽金猪少，以猪肉为贵；大宋羊少，自以羊肉为美。于是在互市的时候双方就互通有无，辽金出口肥羊，换取宋朝的猪，贸易双方都挺高兴。

明清时期猪肉逐渐流行

明朝时，猪肉逐渐流行开来，至少在皇家食谱中已有所见，《明宫史》记载，在皇家过年的食谱中就有烧猪肉、猪灌肠、猪臂肉、猪肉包子等，说明此时猪肉已经能够登上大雅之堂。但在民间，猪肉的盛行程度仍然不如牛羊肉。

到了清朝，猪肉终于成为汉族的主要肉食，在美食家袁枚的《随园食单》中，已经将猪肉单独列为《特牲单》叙述："猪用最多，可称'广大教主'。宜古人有特豚馈食之礼。"在他的书中，与猪肉相关的有43道菜，其中有红煨肉三法、白煨肉、油灼肉等。

而牛羊肉则归为《杂牲单》中，"牛、羊、鹿三牲，非南人家常时有之之物，然制法不可不知，作《杂牲单》"。

虽然人们的饮食习惯渐渐改变，但牛羊肉高级肉食的地位已经无法撼动了。1840年，当英国人把大炮架到清朝的眼皮底下时，琦善作为钦差大臣奉旨与洋人交涉。会谈前一天，他按朝廷招待贡使的老规矩给英国舰队送吃的，计包括20头阉牛、200只羊及许多鸭和鸡，一两千个鸡蛋，唯独没有一头猪。

寿命的历史

文 李夏恩

你能活多久？对这个问题最合理也最富哲理的答案也许是：活到死为止。但相信大多数人希望这个问题的答案是"地老天荒"。只消从"万寿无疆"和"long live"这两个东西方交相辉映的颂词就能看出人类对长生不老的渴求。

寿命的界限

《黄帝内经》中，黄帝与他的医疗大臣岐伯之间有一段对话。这位上古传说中的帝王，对比他还上古的人"春秋皆度百岁，而动作不衰"而今人却"年半百，而动作皆衰"感到很好奇。

岐伯对这个问题的回答是：上古之人都能"法于阴阳，和于术数"，过着天人合一的健康生活，所以"尽终其天年，度百岁乃去"；而今天的人则自甘堕落，违背自然之道，所以年龄未过半百，就老态已现。

再加上73岁、84岁这两个根据被尊为圣人的孔子和孟子的自然寿命给凡人划的寿限，使对上古之人来说稀松平常的百岁寿命，在后世堕落的凡人看来，更成为一种奢望。

印度人相信太初之人都能一活万年，一两百岁只算是人类的童年，完全是因为人类贪婪纵欲，不修正法，所以寿命才短促到百岁就算是极限了。

古希腊罗马的哲人则笃信在太初鸿蒙之时,乃是人类的黄金时代,物产丰隆,人能活到300岁;之后,人类肆无忌惮的欲望和残忍好杀的本性,终于竭尽了赋予人类生命的大地的伟力,地力被逐渐耗尽,人类也随之衰微寿促。

但现代的生物学家和人类学家联手揭示真相,那些被认为是人人皆享百岁高寿的上古时代,恰恰是人类平均寿命最短的时代。根据人类学家肯迪克·哈顿的统计,历史上相当于上古时代的新石器时代人类的平均寿命只有36岁,青铜器时代人类的平均寿命是38岁,中世纪更是略有下降,在32岁到38岁之间徘徊,但到了17世纪,人类的平均寿命就已经上升为51岁。

从整个历史趋势来看,人类的平均寿命是在不断延长的,至于寿命界限,按照脑容积的推算公式来进行推算,新智人的界限寿命有90岁,而现代人的界限寿命则有95岁,还是比上古先民要高出5岁。

人类长生妙药清单

人类为了活得更长,开发出各种追求长生的秘术奇方,在这支由修仙派和养生宗组成的浩浩荡荡的求永生大军中,可以看到人们为尽晚抵达生命的界限做出了怎样的努力。

秦皇汉武求取海外仙方的狂热行径和唐朝诸帝对金丹灵药的前赴后继,都不过是寻常之举,为了获得更长的寿命,人类的想象力可谓无穷无尽。

最富想象力的长生妙方来自中世纪的西方,从将自己流放到荒野沙漠中终生不洗澡,到只靠野草和露水维持生命,各种奇葩的长生妙方破土而出。有些虽然怪异，但却无害，比如对着太阳又蹦又跳，把阳光吞进肚子里。

有些长生的灵药却相当邪恶，就像法国的德·莱斯男爵和匈牙利的巴托里伯爵夫人，他们相信沐浴和饮用儿童和少女的鲜血就可以长生不老，在将这两个养生宗的狂热信徒铲除后，人们在他们的城堡里分别发现了上百具被榨干了血液的幼童和少女的尸体。

连被后世奉为"理性科学之父"的罗杰·培根也未能免俗，他的《艺术与自然中的奇迹刍议》是13、14世纪欧洲人的养生圣经。根据他提供的秘方，毒蛇肉乃是绝佳的增寿妙药，但疗效最佳的还是埃塞俄比亚的龙肉。培根还特意提到欧洲很难弄到这种龙，所以就更证明了它是延年益寿的殊方灵药。

培根本人活到79岁，大概是没吃到埃塞俄比亚龙肉的缘故。不过培根也提供了另一个延年益寿的方法，就是接受"最高等生物的生命力"，具体操作方式是把健康的少男少女贴在身上，吸入他们产生的热气和呼出的气息。

在这一点上，他与中国古代的养生方士倒是殊途同归，不过后者显然走得更远。按照那个被认为活了800岁的人瑞彭祖的理论，二者应当进行身体上的更深一步的交流，才能达到寿活百岁的神奇效果。不过这种秘术也是有代价的，往往一方延年益寿，另一方就沦为药渣。就像《医心方》中所记载的女神西王母一样，这个"养阴得道"的女神，"一与男交，而男立损病，女颜色光泽"。西王母就靠着这种秘术青春永驻，登上女仙之首的地位。

尽管古人发明了如此多稀奇古怪的手段来延年益寿，但在18世纪前，人类的平均寿命仍然停滞不前，而从18世纪之后，人类的平均寿命却突然间突飞猛进，以每世纪至少10岁的速度飞速增加，到21世纪初，世界人口平均预期寿命已经高达71.5岁，其中日本最高，达83.4岁。

人类的平均寿命增长速度加快的原因很简单：科技的进步将致死的因素大大减少了。古代死神的三大必杀利器——天花、鼠疫和肺结核，都在19世纪到20世纪期间被科技一一攻克。

1928年弗莱明发现的青霉素在15年后得以批量生产，从而使肺结核这种不治之症成为一种和流行感冒差不多的疾病。鼠疫在20世纪中叶就被人类流放到了荒蛮之地，发病案例以个位数来计算。至于夺走了上千万人生命的天花，经过世界卫生组织的全面围剿，已沦为比大熊猫还濒危的物种，只在美国和俄罗斯的两个实验室里还保留着微量样本。其他的夺命小恶魔也被人类一一寻获克胜之方，以至于在21世纪，有人甚至发出宣言：如果不出意外，能够杀死人类的只剩下人类自己。

人类防疫七千年

文 李夏恩

"身强体健的人们突然被剧烈的高烧袭击,眼睛发红仿佛喷射出火焰,喉咙或舌头开始充血并散发出不自然的恶臭,伴随呕吐和腹泻而来的是可怕的干渴,这时患病者的身体疼痛发炎并转成溃疡,无法入睡或忍受床榻的触碰,有些病人裸着身体在街上游荡,寻找水喝直到倒地而死。甚至狗也死于此病,吃了躺得到处都是的人尸的乌鸦和大雕也死了,存活下来的人不是没了指头、脚趾、眼睛,就是丧失了记忆。"

古希腊史学家修昔底德记录下了一场发生在公元前430年到公元前427年的瘟疫,是人类历史中详细记载的最早的一场鼠疫,这场大灾杀死了雅典二分之一的人民,雅典差点因此灭亡。而文字记载最早的瘟疫可能是发生在《圣经》里的埃及,距今已有4000年历史。

放眼寰宇,古往今来,瘟疫造成的混乱和死亡,摧毁了一个个帝国与文明。鼠疫、天花、白喉、疟疾、霍乱、梅毒、流感,一直到今天正从黑色大陆一路扩张势力地盘的埃博拉病毒,每一种瘟疫的背后,你都能看到死神的阴森笑脸,而瘟疫是他最趁手的那把镰刀。

毫不夸张地说,人类在长达7000年的文明史中,大致有三分之二的时间,是在等待上述一种或是几种瘟疫来终结自己的生命。

明末大瘟毁了一个王朝

死亡，对宋起凤这样生逢明清易代的人来说，可谓司空见惯：华北亢旱，赤地千里，人吃人的惨剧甚至在天子脚下上演；盗匪横行，闯军陷京，帝都的无主之民又饱尝了一把舐刀求食的滋味；再之后清军入关，欢欣鼓舞指望在新主子手下安享太平的升斗小民，又因脑顶头发再遭无妄之灾。能从这般接踵而至的天灾人祸中保全首领、得以终年的人可谓三生有幸。

但当垂垂老矣的宋起凤回忆自己的前半生时，最令他感到恐惧的，并非亡国战乱的恨事，而是发生在明亡前一年的那场令人不寒而栗的"疙瘩瘟"，这场"古今方书所无"的怪异瘟疫在这一年遍传北京城内外，患者会忽然在身体肢节间突生一个"小瘰"，接着"饮食不进，目眩作热"，还会呕吐出"如西瓜败肉"的东西。

一人感染，全家都会传染，甚至有的"阖门皆殁"。亲戚更是不敢上门慰问吊唁，因为只要一进病家门口，必会感染，等到他回去时，又把瘟疫带回了自己家中。瘟疫带来的死亡如此之巨，以至于帝都的九座城门"日出万棺"。但这还不是这场瘟疫最恐怖之处。

死亡在一瞬间发生，甚至来不及诊断和治疗，这才是这种瘟疫最可怕的地方。一个化名为"花村看行侍者"的明朝遗民是这场1643年京师大瘟疫的亲历者，在他的回忆录《花村谈往》中，他一口气举出了很多耸人听闻的突然死亡的个案——一名官员前一刻还和同僚喝茶，后一刻就"不起而殒"了；两个人一前一后骑马聊天，后面的人刚叙话几句问前面那个人，却发现这人已经"殒于马鞍，手犹扬鞭奋起"；最令人惊悚的恐怕是两个小偷的诡异之死：一家富人在瘟疫中全家死绝，于是这两名小偷打算趁机发一笔横财，这二人约定一个在屋檐上接应，一个下到房中将偷来的东西递上来，结果下面的人递着包袱就猝然而死，而上面的人在接的时候也染上瘟疫毙命，死的时候，这两个小偷手里还攥着偷来的包袱。

"街坊间小儿为之绝影，有棺、无棺，九门计数已二十余万"。北京在1643年的8月到12月间，保守估计死亡人数已高达全城人口的五分之一。所以当次年的4月，李自成攻进大明帝国的都城北京时，他面对的是一座"人鬼错杂，日暮人不敢行"的死城。

我们现在知道明末暴发的这场"疙瘩瘟"，就是鼠疫。因为从发病到死亡既烈且急，所以有时也被称为"电击性鼠疫"。鼠疫主要可分为"腺鼠疫"和"肺鼠疫"两种，前者死亡率达50%~90%，而后者死亡率几乎高达100%。

非常不幸的是，1643年的这场京师大瘟疫，很可能是这两种鼠疫同时肆虐的结果，所以死亡率才如此之高。较之关内闯献作乱，关外清兵南下，这场鼠疫大暴发才是名副其实从内部断送明朝国祚的"大明劫"，就连电影里医技神乎其神的吴又可，在现实中面临这场瘟疫也是束手无策。

268年后，鼠疫再度降临中国大地，这次恰恰赶上了取代明朝的清王朝的末日，就连鼠疫的暴发地都是在清朝的发源地东北。所谓"现代化"，给清王朝带来的冲击不只是南方的"种族革命"，就连现代化的代表物铁路火车也大帮倒忙，为东北鼠疫的南下提供交通工具。

当1911年的年关到来时，帝都北京又一次出现了瘟疫大恐慌，尽管这一次在现代医学的帮助下，清廷成功平息了东北的鼠疫，但自己却在革命这场"帝制瘟疫"中断送了性命。

瘟疫影响世界格局

在西方，鼠疫以"黑死病"的恐怖绰号著称于世，相关的恐怖记忆已经深深根植于西方人脑海里。

很多学者认为，《圣经·出埃及记》中上帝降给埃及人的十大灾祸中，那个"人畜伤口化为脓疱"的瘟疫，就是鼠疫；还有那场出于上帝的愤怒一夜之间在亚述军营中被杀死的18500人，也是死于鼠疫；在预言末日降临的《启示录》中提到的瘟疫，也应该是鼠疫。所以当1347年鼠疫在欧洲大暴发时，很多人都相信《启示录》中的世界末日来临了。

得出这一结论并不奇怪，因为鼠疫可能是困扰人类最深的瘟疫之一，它在人类历史上的三次大流行已经成为了人类文明史的界标。

鼠疫的第一次大流行是公元541年在拜占庭暴发的大瘟疫，此时的拜占庭正处于被后世尊为罗马法奠基者的查士丁尼大帝统治时期，拜占庭帝国臻于极盛，当时的查士丁尼大帝一心想恢复罗马帝国旧有的光辉。

但恰在此时，鼠疫不期而至。根据宫廷史家普罗柯匹的记述，每天因鼠疫死亡的人数高达一万人。就像一千多年后在中国北京暴发的那场瘟疫一样，拜占庭人常常在做生意数钱的时候就染病倒地身亡。

就连查士丁尼本人也感染了瘟疫，在经过漫长的垂死挣扎后才挺了过来，但他的帝国却损失惨重——仅在君士坦丁堡，就有

40%的城市居民死亡。而这场鼠疫在整个地中海世界和欧洲的蔓延,被认为导致1亿人口的损失。

这场瘟疫终止了查士丁尼的雄心,但瘟疫本身就是帝国对外扩张的产物——它发源于中非地区,在进入北非小憩时,恰恰与查士丁尼远征北非的军队不期而遇,于是,它就随着帝国军队南征北战一路开疆拓土,最终反过来攻陷整个拜占庭帝国。

正当拜占庭帝国遭受瘟疫重创,一蹶不振之时,恰恰是新兴的伊斯兰帝国早期扩张时期,这场瘟疫使得两大帝国力量发生逆转,在之后的300年中,拜占庭帝国被伊斯兰帝国一路蚕食鲸吞,最终导致今天东地中海及北非地区成为阿拉伯世界的格局。

蒙古人再度给欧洲带来了鼠疫

在鼠疫毁灭了拜占庭帝国的野心后,居然莫名其妙地消失了,欧洲文献记载的最后一次鼠疫是公元767年,之后,它在西方隐匿了近600年。当然,这并不意味着这段时间欧洲就免于瘟疫困扰,因为瘟疫有多种类型,大规模的杀戮,演化成小股的侵扰。

欧洲的人口在这段时间内一直循序渐进地增长,公元1000年时达到3800万,公元1100年达到4800万,差不多以每一个世纪1000万的数字增长,到1340年已经达到7500万人口。但就在7年后,鼠疫第二次浪潮汹涌袭来。

关于这次鼠疫浪潮,现在学者认为应该是西征的蒙古人带来的。仅仅经过5年时间,这场瘟疫就使欧洲人口下降到5000万,足足倒退了两个半世纪。

现代的文明史家很愿意将这场瘟疫作为东西文明交流中的典型个案,从瘟疫蔓延的路线可以看出人类文明交流的过程。但问题是,这一条文明交流之路处处都是死亡,而蒙古人承担了死亡使者的角色,他们征服云南时把鼠疫一并捎上,带往亚欧大草原,又随着征战将其带往欧洲。

而且也正是在这场瘟疫中,蒙古人和欧洲人都几乎同时发现了鼠疫作为生化武器的妙用——攻城投石器不用再投石,那只会砸死几个行动迟缓的小角色,而把感染鼠疫死亡的尸体投进城去,却可免去屠城的麻烦。从某种意义上说,这场瘟疫既是天意,也在人为。

之后,瘟疫一直在欧洲徘徊蔓延,连续300年间不断侵扰欧洲大陆。在15世纪末佛罗伦萨的大瘟疫中,3个月就死亡10万人;1656年那不勒斯大瘟疫,5个月死亡30万人;1665年伦敦大瘟疫,在《鲁滨孙漂流记》的作者丹尼尔·笛福的笔下,成为了人类历史上最著名的大瘟疫之一,这场瘟疫仅在伦敦就造成68596人死亡,只有靠次年那场著名的伦敦大火,才将病菌付之一炬。值得一提的是,相比前一年造成近7万人死亡的大瘟疫,这场烧毁了80%伦敦城区的大火,只烧死了5个人。

人类征服瘟疫,还是瘟疫征服人类?

1918年的西班牙大流感是瘟疫最后一次以如此迅猛的方式影响人类文明,而这场瘟疫的大暴发从某种意义上说也是一场人祸——最初发现疫情的美国军营,因为正处战中,为了不让疫情影响士气,官方采取种种手段隐瞒疫情,公开辟谣,甚至逮捕传播疫情消息的人。这一切都使这场瘟疫挣脱束缚,扩散到全世界,最终导致4000万人死亡。

在此之后,再也没有哪场瘟疫给人类文明带来如此重大的影

17世纪的瘟疫医生

响。曾经灭绝欧洲大量人口的鼠疫，已经在人类的穷追猛打之下躲进深山老林，只有在最偏僻的地方才会听到它的名字。而天花则在1979年被人类消灭，只留下样本保存在美、俄两国的实验室内，受到严密看守。在过去的100年里，人类面对瘟疫打了一场又一场大胜仗。

新世纪也有困扰，比如埃博拉病毒突然从非洲刚果的一种稀有病毒成了人们谈之色变的恐怖瘟疫，大有重振昔日鼠疫雄风的态势。

也许那句话真是对的，虽然有些残酷："人类在和瘟疫跑一场跑不赢的比赛，只不过是在彻底输光之前多跑一会儿罢了。"

走出"马尔萨斯陷阱"

🅧李夏恩

"人类的繁殖力如此之强,以至于人类必然以这样或那样的形式夭折。人类的种种罪恶积极而有力地发挥着减少人口的作用,它们是毁灭大军的先锋队,往往自行完成这些可怕的行动。如果在这场毁灭之战中,罪恶还不能奏效,那么,各种瘟疫、流行病、传染病和黑死病就会恐怖地接踵而至,席卷千万人的生命而去。倘若这样仍然功亏一篑,大规模而不可避免的饥荒就会在人群中蔓延开来,发动致命一击,使世界人口与食物得到平衡。"

当马尔萨斯在1798出版的《人口论》中写下这段话时,他多少和那个时代的公知同侪一样,将自己当成是忧国忧民的先知。而他的《人口论》也被证明是历史上最具影响力和最具争议的著作,既引起了不少学者思考和争论,还成为后来反映人类灭亡的科幻小说的绝佳理论来源。在马尔萨斯的书中,瘟疫是自然界用以达成人口与食物平衡的一个重要手段。

马尔萨斯的人口论有三个主要的观点,就是"两个公理""两个级数"和"两种抑制"。

两个公理:第一是"食物是人类生活所必需的";第二是"两性间的情欲是必然的,在将来也是如此"。

两个级数:"人口在没有阻碍的条件下是以几何级数增加,

而生活资料只能以算术级数增加。稍微熟悉数量的人就会知道，前一量比后一量要大得多"；"根据自然规律，食物是生活所必需，这两个不相等的量就必须保持平衡"。

两种抑制：当人口增长超过生活资料增长，二者出现不平衡时，自然规律就强使二者恢复平衡。恢复平衡的手段，一种是战争、灾荒、瘟疫等，对此，马尔萨斯称其为"积极抑制"；另一种是要那些无力赡养子女的人不要结婚，马氏称其为"道德抑制"。

马尔萨斯还认为，19世纪以前，人类的生产力没有太大的变化。比如在公元前1800到前1600年，巴比伦帝国的一个普通工人一天的薪水能买到6.8千克小麦；在公元前328年的雅典相同的薪水能买10.8千克小麦；在1800年的英格兰相同的薪水能买5.89千克小麦。几千年间社会生产力进步并未造成工资的差异。

那么一旦社会稳定，承平日久，人口不断增长，超过固定生产力之下能养活人口的上限，就会产生他所说的"积极抑制"，由战争、灾荒、瘟疫解决这一问题。这就是人类发展史中著名的"马尔萨斯陷阱"。

举个例子：东汉末年人口达到5000万，于是一场瘟疫加灾荒引发了黄巾起义，导致人口在百年间剧减到了1000万左右，在此之后，类似的事情一而再、再而三地上演。

一般而言，人口引发的循环周期是如此演进的：第一阶段，王朝兴起，人口稀少，人地比例很低；第二阶段，战乱之后，人均收入快速越过生存水平，人口加速繁衍；第三阶段，随着人地比例大幅上扬，马尔萨斯陷阱出现，人均收入降低，王朝治理水平的降低，往往很容易导致本就极低的收入水平被降低到生存线之下；第四阶段，社会崩溃，天下大乱。

在马尔萨斯心中真正设想的减少人口的终极武器也许是另一种疾疫——天花。这种疾疫在欧洲殖民美洲的征服战争中居功厥伟,使欧洲人几乎不费吹灰之力就拿下印加帝国。

在马尔萨斯着笔写《人口论》时,天花又消灭了美洲殖民地的大量人口,"几乎每五个人中就有两到三个人死去"。而在英属印度,天花按时而至,每年3月到5月必会暴发,在天花疫情最严重的1770年,全印度有300万人死于天花,孟加拉有超过三分之一的人丧生。

从某种意义上讲,贫穷是天花被马尔萨斯选作人口控制方法的原因。即使是现代学者如何再为马尔萨斯"冷冰冰的理论"辩护,也不能否认马氏本人的人口论部分建立在一个颇有些铁石心肠的基础上——理应得到控制的应该是那些处于社会底层的穷人和殖民地土著,他们的数量太多了,而且看起来也不懂得执行人口控制所必须的道德限制。

除了天花,马尔萨斯还注意到了霍乱。这种病在19世纪有个名字,叫作"穷人的瘟疫",因为看起来,它总是在贫民窟里暴发。这种病在当时被看作是上天对贫穷懒惰、缺乏道德自制的穷人的惩罚,"(霍乱)完全起因于穷人放荡的生活习惯"。

既然人口增多会导致穷困,那么反过来,穷困之人自然也正是多出来的那些人。马尔萨斯其实并没有这样说过,但在19世纪中叶前的很长一段时间里,人们是这样理解马尔萨斯人口论的。

"马尔萨斯陷阱"始终会被突破,因为人类生产力将被工业革命大大地解放。

1665年至1666年间英国伦敦发生大瘟疫,超过10万人死于鼠疫。1666年9月2日到5日,一场大火烧毁了伦敦,而鼠疫病菌也恰好被这把火烧了个干净。它来得恰如其分，走得适逢其时，它成功地使欧洲在资本积累时代控制住了人口，使日益增长的财富不致被几何级数增长的人口数量抵消。

瘟疫带来意想不到的后果，就是社会资源再分配。资本的时代，正是在鼠疫过后到来的，其中，一直到现在影响深远的大英帝国，正是"浴疫重生"——如果没有鼠疫的话，那么完成帝国原始资本积累的圈地运动，几乎不可能完成。

圈地运动，从某种程度上被认为是工业革命的开端，工业革命恰好成为了解决"马尔萨斯陷阱"的终极方案。从1750年到1850年这100年间，英国人口由750万增至2100万，增加约2倍。

另一方面，英国民众正分享着工业革命生产力进步带来的成果。与英国本国历史纵向对比，其消费水平是明显提高了，1689年，英国人平均收入为7英镑1先令，1770年上升到18.5镑，1800年又增至21.9镑。工业革命提高了生产力，从而让英国率先走出了"马尔萨斯陷阱"。

历史就是这样残酷无情，在英国的例子中，激增的人口引发瘟疫，瘟疫反过来成为工业革命发轫的契机。

不过，对同样受到鼠疫影响的大明王朝来说，鼠疫不过是一场对人口的毁灭性打击，似乎就很难间接地带来正能量了。它只会像摧毁拜占庭帝国一样，摧毁大明王朝。

护照演化史

文 钟瑜婷

　　甘肃敦煌西南的"阳关下耳目"烽燧北800米处,阳关遗址博物馆内的阳关都尉府中,一名身着古汉服的"都尉"正在里头书写"阳关关照"。"关照"就是通关文牒。要知道,正是这些通关文牒,催生了中国古代的护照贩子,他们给后人留下一个有趣的汉语词语:卖关子。

　　以护照形式作为出入边塞关津的通行证件,在中国有几千年的发展历史。出国护照和国内护照不相区分的做法,从春秋战国一直延续到新中国成立。而在清朝以前,护照、签证不分,外国人入境,如经批准,州府再给他发一张护照。

　　中国古代的护照有"封传""契""照牒""过所""符节""关引""符牌""公验""腰牌""文牒""关照""勘合"等多种形式,经历了由石铜变竹木,由竹木变纸张,由手书变印刷的过程。

　　关于护照,历史上一个传播甚广的故事是"伍子胥过昭关"。伍子胥逃避追杀,想脱楚入吴,因为没有通行证,在吴楚交界的昭关受阻,忧急交加,一夜之间头发尽白。

　　到唐朝,"过所"制度更为严格,凡到各地进行贸易或其他活动的商人等都要持过所,否则便是非法通行,要受到缉拿。申请人万一丢失过所,就要被拘押扣留,查清身份后再酌情处理。无过所者将被视为"私度",被查获就要治罪。

在护照研究专家范振水看来,中国唐朝的出入境管理制度,与1000年后的现代出境、边检和海关查验制度类似。来自北非和西亚各国的商人,在唐境内外"安全、自由"地通行,与唐朝国力的强盛和中外交通的活跃有关。

唐朝最有名的私度者,当属玄奘。历史上玄奘通西域,身上没有通行证件,一路混迹于商客队伍中,有数次几乎被中国守关的士兵射伤。

《西游记》中,唐僧师徒一路行经西域各国,第一等要紧事是请官家在唐王签发的护照——通关文牒上盖印押花。类似的"倒换通关文牒"情节与当下我们所说的签证——对方领事官员在持照人护照上面签字盖章的做法十分接近。范振水认为,《西游记》里的描述反映的很可能是作者吴承恩生活的明朝通行证的使用情况。如果他的猜测属实,中国的签证(批示)发明要比国外早300年。

从古典时代到中世纪,西方各国之间交往很少,接受国是否允许入境,往往只凭边检人员的一句话。在第一次世界大战爆发前,世界上绝大多数国家对出入境人员既不要求持有护照,也不要求另附签证。1706年,英国有了护照,请求外国当局允许持照人自由通过。1862年奥斯曼帝国签证,是世界领事界公认的存世最早的实体签证。

到了明清两朝,大英帝国代表的工业时代开启的跨国界潮流与我国封闭的大门轰然相撞。我国多年来向外国人颁发"另纸护照"与西方各国间"自由通行"相抵触,"护照"纠纷甚至在一定程度上引发了鸦片战争。

清道光十四年（1834），英国首任驻广州领事律劳卑从澳门到广州赴任。根据清朝律令，外国人从澳门进广州须向澳门地方官员申请护照，但律劳卑不领护照，且以"平行款式"向两广总督卢坤投递书信，最终引发外交冲突。卢坤命令停止对英贸易，律劳卑则令兵船炮击虎门炮台，闯入黄埔。

事实上，两次鸦片战争后签订的《南京条约》《天津条约》《北京条约》等不平等条约，除了割地赔款，基本上都反映了马戛尔尼和律劳卑们的要求，核心在"自由通商，协议关税"。而《天津条约》约定"外国人可以到内地游历经商""外国传教士可以到内地自由传教"等内容，外国人持本国发放的护照，经中国官员盖印，便可在中国内陆"自由、安全"通行。

1868年7月28日，美国卸任驻华公使蒲安臣代表清政府与美国订立《中美天津条约续增条款》，又称《中美续增条约》，条约主要内容包括：两国人民可随时自由往来、游历、贸易或久居；两国人民均可入对方官学，并受优惠待遇。这为美国来华招揽大量华工开启了方便之门。1851年，加州已有2.5万名华人，1882年当地华人数目增加了4倍。但到了1882年，美国国会通过了臭名昭著的《排华法案》，很大程度上限制了中国对美移民。

1914年第一次世界大战爆发后，世界各国为了国家安全和政治的需要，普遍通过本国立法或行政措施建立健全本国的护照和签证制度。1920年，美国正式开始使用签证，1952年之后，美国开始有国民出国旅行须持有护照的规定。

被裹挟在世界潮流中的中国，护照和签证也随之进一步适应国际化的形势。1922年，中国出现了最早的本子护照。这些本子护照多为16页，3年有效。因持照人途经国家多，译文多达8种

（法、英、西、葡、俄等），光译文就占了护照8页。

1925年，由东三省交涉总署批转下发《发给入境签证办法》，废止向外国人颁发"另纸护照"的做法，改为在外国人护照上颁发签证。1930年，国民政府颁发《查验外国人入境护照规则》，要求入境外国人所持护照必须经中国驻外使领馆签证。

1946年，身为同盟国之一，中国与美国签订了《中美友好通商航海条约》，又称《中美条约》。条约规定，缔约此方之国民有在彼方"领土全境内"居住、旅行与从事商业、工业等各种职业的权利，等等。条约第二条第一款为："……并除其本国主管官厅所发给之（甲）有效护照，或（乙）其他身份证明文件外，应无须申请或携带任何旅行文件。"也就是说，当时的中国人到美国去，是免签的。

新周刊 《新周刊》杂志社

know!
知道分子图书工作室

《显微镜下的古人生活》

监　　制：孙　波　张　英

主　　编：唐元鹏
执行主编：刘　瑛　谭山山
视觉指导：黄　东
封面设计：陈艺全
版式设计：郭建红
图片处理：郭建红
封面插图：［明］仇英《清明上河图》（局部）

（图片/除署名外由《新周刊》图片库提供）